EL ARTE DE PREPARAR ALIMENTOS EN MI COCINA

EL ARTE DE PREPARAR ALIMENTOS EN MI COCINA

Yolanda Santiago DMIN, MSA, BA

Número de Control de la Biblioteca del Congreso de EE. UU.:   2015915925
ISBN: Tapa Dura   978-1-5065-0885-6
                 Tapa Blanda   978-1-5065-0884-9
                 Libro Electrónico   978-1-5065-0883-2

Fecha de revisión: 10/08/2015

Para realizar pedidos de este libro, contacte con:
Palibrio
1663 Liberty Drive, Suite 200
Bloomington, IN 47403
Gratis desde EE. UU. al 877.407.5847
Gratis desde México al 01.800.288.2243
Gratis desde España al 900.866.949
Desde otro país al +1.812.671.9757
Fax: 01.812.355.1576
ventas@palibrio.com
719669

ÍNDICE

UN POCO DE COMO PUDO COMENZAR ESTE ARTE 9
SU SIMILARIDAD 11
A MIS LECTORES: 12
RECONOCIMIENTOS 16
INTRODUCCIÓN 17
VOCABULARIO DE REFERENCIA 20
LA COCINA Y SUS ENCERES 23
LOS UTENSILIOS 26
TABLA DE EQUIVALENCIAS Y MEDIDAS 29
ALGUNOS CONSEJOS CULINARIOS Y OTROS HIGIÉNICOS 32
CONSEJOS ALIMENTICIOS 36
UN REGALO PARA SU SALUD: 39
LOS ALIMENTOS Y SUS BENEFICIOS 41
¡CUAN BENEFICIOSAS SON LAS FRUTAS! 46
LOS VEGETALES 50
ALIMENTOS BÍBLICOS 51
LOS ARROCES 53
LAS SALSAS Y EL SOFRITO HECHO EN CASA 68
COMIDAS PARA EL BEBÉ 77
LAS PASTAS 80
LOS GUISADOS 90
LOS ESCABECHES 101
LAS FRITURAS Y LOS ANTOJITOS 104
FILETE MIÑÓN, CHULETA, SALCOCHO,
    PAELLA Y PASTELONES 115
LAS ENSALADAS 132
LOS DULCES, HELADOS, GELATO, LIMBER,
    BIZCOCHO Y POSTRES 137
LOS HELADOS 143
LOS PONCHES 155
ALGUNAS BEBIDAS PARA TU BENEFICIO 159
CUANDO DESEES PONER TU MESA 165
NOTA FINAL 169
REFERENCIAS Y PERMISOS 171

DEDICATORIA

A mi madre por cuanto nunca me obligó a cocinar o atender la cocina en ninguna forma; usando el siguiente aviso cada vez que me acercaba a la cocina a observar los platos tan deliciosos que preparaba para el comercio y familia:

"Mira para que supervises"

…y la cual inicialmente me guió a los caminos de Dios.

Yolanda

UN POCO DE COMO PUDO COMENZAR ESTE ARTE

La historia del el arte culinario va mas allá de lo que podemos imaginarnos. Algunos escritores e historiadores comentan que el arte culinario comenzó desde el comienzo de la civilización. Algunos datos históricos han mencionado que este arte pudo haber comenzado desde la edad de piedra. Sin embargo, cualesquiera que sea su origen o comienzo, debemos entender que este arte culinario ha sido una forma de expresar nuestros valores y diversidad de gusto mediante la manera de preparar los mismos.

Uno de estos valores ha sido expresado mediante los significados religiosos en diferentes culturas y sus fiestas rituales. También los alimentos se han utilizado como dietas medicinales. No podemos pasar por alto el ejemplo mostrado mediante la parábola de Jesús y milagros incluyendo la eucaristía.

Como podemos entender los alimentos han sido y siempre serán un impacto beneficioso en las sociedades y lo que le caracteriza como un arte es las diferentes formas de prepararlos. Un ejemplo de un impacto beneficioso para mí ocurrió cuando supe que una de las pioneras en el arte culinario, **Eliza Smith**[1] publico en Londres su primer libro en el año 1727 titulado La Ama de Casa Completa. Me fue muy impresionante como esta escritora incluyo en su libro de cocina ideas de cómo pintar interiormente, remedios para algunos malestares físicos y como eliminar algunas formas de hongos.

Algunos historiadores comentan que **Amelia Simmons**[2] publico su libro en 1796 en Hartford Connecticut.

Es sorprendente como cada cultura tiene su propia versión del primer libro de cocina escrito. Sin embargo les puedo asegurar que el comienzo de este arte comenzó muchos miles de años antes de lo que ha sido publicado.

---

[1]   Smith, Eliza. Google Documents.
[2]   Simmons, Amelia.Hog River Journal. American cookery

SU SIMILARIDAD

Estuve meditando varios días mientras escribía este libro y pude encontrar una similaridad profesional entre la arquitectura y la ingeniería. Puede que muchas otras se asemejen pero yo preferí comparar el arte culinario a la arquitectura e ingeniería. Por ejemplo en la arquitectura se debe planear, organizar y crear; luego en la ingeniería se debe manejar y llevar artísticamente con destreza todo plan. De la misma manera yo considero el arte en la preparación de alimentos; se necesita creatividad, flexibilidad y destreza, sin importar el plato que prepares.

*Recuerda una vez más que la preparación de alimentos es un arte.

A MIS LECTORES:

"PENSAR ES FÁCIL, ACTUAR ES DIFÍCIL,
Y PONER LOS PENSAMIENTOS DE UNO
MISMO EN ACCIÓN ES LO MAS DIFÍCIL
EN EL MUNDO."

Johnann Wolfang

En este libro deseo compartir con ustedes mis ideas y prácticas en mi cocina. Podrán notar que muchos de los platos les serán muy familiares ya que cada nación tiene sus formas de hacer el mismo plato. No les estoy compartiendo algo que no estén familiarizados pero, si la manera que yo los preparo.

También encontraras que hay una diferencia en comparación de la mayoría de publicaciones y es que brevemente te mostraré cuales de los alimentos son mas nutritivos y el uso de los mismos siempre dejándote libre para que hagas la mejor decisión.

Con esto en mente deseo comunicarles que he platicado con varias personas acerca de diferentes platos y me han comunicado que los menús de nosotros los hispanos son muy condimentados, se usa manteca y las bebidas contienen mucho alcohol; aunque no siempre es cierto, he tomado estos comentarios muy en serio y en las bebidas que les comparto no contienen alcohol a menos que desees lo contrario. Tampoco he usado la manteca y los condimentos incluyendo la sal son a gusto.

También deseo compartirles que para la preparación de estas recetas no necesitas una estufa o refrigeradora modernas. Puedes utilizar los mismos del tamaño que desees y desde luego un horno del tamaño que este a tu alcance.

Tampoco les hablare de cocinas extremadamente organizadas, de juego de vajillas costosas incluyendo sartenes u ollas. Deseo que no te compliques con estos utensilios que por lo general se mencionan en otras publicaciones. Yo personalmente he cocinado el arroz en cacerolas a mi conveniencia. Deseo que disfrutes del arte de cocinar sin muchas complicaciones.

Además, habrán notado que no he mencionado la microonda y es porque no es de uso en mi cocina, solo tengo una tostadora de horno para el uso de algunos platos ligeros y un horno.

En mi interés de ofrecerles variedades culinarios; atendí una escuela de cocina en mi último viaje a Italia para compartir con ustedes alguno que otro plato diferente con permiso de los Chefs.

También he revisado otros menús y un poco de historiales culinarios para verificación.

Finalmente, este libro es para hombres, mujeres y jóvenes que deseen de vez en cuando preparar algo fácil y en poco tiempo y también para los que deseen una preparación de alimentos más intensa. No hay género ni edad si hay un deseo de cocinar; como antes mencioné, atendí una de las academias culinarias en Florencia Italia, parte de los alumnos eran niños y jóvenes. Con esto en mente, siempre recuerden que el cocinar es un arte, por favor nunca lo olviden.

Yolanda

*"HE ESTADO IMPRESIONADA CON
LA URGENCIA DE HACER. HACER
NO ES SUFICIENTE; DEBEMOS
APLICAR. ESTAR DISPONIBLES NO ES
SUFICIENTE; TENEMOS QUE HACER."*

Leonardo Da Vinci

RECONOCIMIENTOS

Gracias a todas las amistades que me apresuraron a hacer esta publicación con sus ideas en la preparación del dulce de habichuelas (República Dominicana) y el sofrito hecho en casa, a Mireya Mares de Guillen por sus ideas en la preparación de guacamole y a Juan Rodríguez por compartir su biblioteca culinaria personal conmigo.

Un profundo reconocimiento hacia Alba Rodriguez por su apoyo constante al escucharme y dar opiniones cuando las necesité.

Finalmente, a los chefs Alessio Corsini y Davide Rafanelli (The Food & Wine Academy, Italia) por los permisos e inspiraciones para el uso de sus recetas de pizza y gelato.

Estas pequeñas contribuciones no las puedo pasar por alto…

Yolanda

INTRODUCCIÓN

La historia del arte culinario va mas allá de lo que nos imaginamos. Usted puede comprender que con todos los eventos que transcurren mediante la historia del ser humano los alimentos han sido considerados como una forma de expresar nuestros valores y diversidad de gustos. Los historiadores expresan que desde la edad de piedra en su selección de alimentos hasta el presente podemos observar un movimiento cultural artístico. Ellos a su vez confirman que en la cultura egipcia, griega, hebrea e islámica introdujeron la cultura musulmana con sus valores, practicando rituales con términos como el perfume y el endulzar de los alimentos. También sus significados religiosos se expresaban mediante el consumo de granos, vegetales, pan, vino y juegos. Cada cultura tenía sus valores, ordenanzas y fiestas rituales. ¡Qué tal de la cultura china? Sus tradiciones y dietas medicinales aun son practicadas en nuestro tiempo.

¡Qué tal de las parábolas de Jesús, milagros y eucaristía? ¡Observe los ayunos y alimentos utilizados para la purificación! Bueno, solo deseaba darle una idea breve de la importancia cultural y artística del arte culinario.

Finalmente, definitivamente los alimentos siempre han producido un impacto en la cultura y vida de sus habitantes, creo que estás de acuerdo.

Con esto en mente pasemos a disfrutar algunos consejos importantes, para luego compartir las recetas de mi preferencia.

"LAS COSAS QUE NOS GUSTA DECIR
ACERCA DE NOSOTROS MUESTRA
QUIENES SOMOS."

Thomas Aquinas

VOCABULARIO DE REFERENCIA

Aderezo: Es cuando condimentas y le pones sabor a los alimentos con una mezcla que has preparado.

Adobar: Cuando condimentas los alimentos especialmente las carnes.

Batir: Una vez mezclados los ingredientes, los mueves con una cuchara o batidora de mano o eléctrica hasta crear una consistencia preferida.

LAVAR: Pasar por agua corriente.

Mezclar: Unes todos los ingredientes en un utensilio cómodo.

Rellenar: Introduces ingredientes dentro de una carne, vegetal u otra forma de alimento de preferencia.

Remojar: Sumergir en liquido por un tiempo preciso.

Sazonar: Preparación de alimentos con sabor a gusto y con las especies de tu gusto.

Sopa: Liquido caliente y preparado a gusto con vegetales, fideos y sazón.

Hervir: Agua o liquido a fuego lento hasta que empiece a burbujear.

Marinar: Poner a remojar carnes etc. en una mezcla preparada a tu gusto.

Sofrito: Preparado en casa o comprado en el mercado para dar más gusto a las comidas **(vea receta hecha en casa)**.

Cocinar: El proceso de aplicar calor a la gran mayoría de alimentos.

Mechada: Por lo general una carne preparada haciéndole cortes para introducir un relleno.

Sal de mar: Sal iodizada directamente del mar; muy beneficiosa para las comidas y salud.

UTENSILIOS Y ENCERES DE COCINA

LA COCINA Y SUS ENCERES

ESTUFA:

Puede ser eléctrica de cristal modernas, de gas con horno o sin horno. No te preocupes, siempre puedes comprar un horno de el tamaño que desees si tu estufa no está equipada con el mismo.

REFRIGERADOR:

De cualquier tamaño pero sabes muy bien que es necesaria.

MICRO-ONDA:

Nunca la utilizo ni la he comprado, pero tengo un **Toster-Oven**.

Puedes equipar tu cocina con otros enseres de acuerdo a tus necesidades y el espacio en tu cocina. Puedes decorar tu cocina como los grandes chef para tu comodidad y medio ambiente.

NOTA: Mantén la cocina limpia incluyendo la nevera, estufa y enseres para prevenir bacterias. Cuando estés cocinando trata de ir lavando los enseres que has utilizado para que al final no tengas gran cantidad de loza y utensilios acumulados sucios, además tendrás más espacio para mover tus enseres.

"CALIDAD NO ES UN ACTO, ES UN HABITO."

Aristóteles

LOS UTENSILIOS

Antes de preparar alimentos demos un vistazo a nuestra cocina y sus utensilios. Les mostraré algunos los cuales uso pero deben familiarizarse con la preparación de alimentos. Luego se darán cuenta que necesitarán otros utensilios más prácticos o de su preferencia. Estos utensilios no son definitivos, pueden reemplazarlos como gusten.

LOS CARDEROS:

Los prefiero de buen aluminio y gruesos, que no suelten mancha de oxidación.

LOS SARTENES:

Algunos de buen teflón de varios tamaños con agarraderas cómodas.

LOS CUCHARONES:

Prefiero los de madera y en una que otra ocasión los de aluminio solido y de buena calidad.

CACEROLAS:

Yo utilizo de varios tamaños y aluminio solido de buena calidad.

PICADOR:

Pueden ser de madera, plásticos, de mármol o piedra.

PILONES:

Utilizo los de madera y mármol; me agradan los de madera porque con el tiempo cogen un aroma a condimentos los cuales cuando preparas mofongo u otros alimentos que sugieren ser majados, toman el mismo aroma. Los de piedra y mármol son más adecuados para triturar bien las especies.

COLADORES:

Los prefiero de aluminio grueso y de buena calidad, también los plásticos los cuales son muy cómodos para colar pastas, vegetales y de otros varios usos.

CUCHILLOS:

Los prefiero de buen aluminio y diferentes tamaños (puedes conseguirlos en el mercado los cuales son mostrados en grupos los cuales incluyen el cortador de pollos, pan etc.

TENEDORES, CUCHARA Y CUCHILLOS DE MESA:

Los prefiero de aluminio bueno y preferible de marca de por vida (stainless steel).

BATIDORES:

Puedes escoger manuales y eléctricos.

ABRIDORES DE LATA:

Yo uso los manuales, pero los hay eléctricos.

VASIJAS PARA MEZCLAR ALIMENTOS:

Hay una gran variedad; de cristal, plásticos y de buen aluminio.

PELADORES DE VERDURA Y VEGETALES:

La gran mayoría de las veces utilizo un cuchillo de tamaño mediano y a veces utilizo el pelador de mano.

Recuerda que con el tiempo seleccionaras tus propios utensilios y enceres de cocina o harás cambios de acuerdo a tus necesidades.

*Agarraderas y toallas de cocina son esenciales, mantenlas cerca.

TABLA DE EQUIVALENCIAS Y MEDIDAS

Ingredientes:	1 Taza	½ Taza	1/3 Taza	¼ Taza
Arroz crudo	6.6 oz	3.3 oz	2.3 oz	1.7 oz
Avena	3.1 oz	1.6 oz	1 oz	0. 8 oz
Azúcar granulada	7.2 oz	3. 5 oz	2.3 oz	1. 7 oz
Azúcar en polvo	3.5 oz	1.75oz	1.2 oz	0.87oz
Azúcar morena	6.3 oz	3.15oz	2.1 oz	1.57 oz
Harina de trigo	4.2 oz	2. 1 oz	1.4 oz	1 oz
Harina de maíz	5.6 oz	2. 1 oz	1.7 oz	1.4 oz
Maicena	4.2 oz	2. 1 oz	1 .4 oz	1 oz
Macarrones	4.9 oz	2.4 oz	1. 6 oz	1.2 oz
Manteca	8.4oz	4.2 oz	2.8 oz	2.1 oz
Nueces picadas	5.2oz	2.6 oz	1.7 oz	1.4 oz
Nueces enteras	4.2oz	2.1 oz	1.4 oz	1 oz
Queso rallado	3.1oz	1.6 oz	1 oz	0.8 oz
Sal	10.5oz	5.2 oz	3.5oz	2.6 oz
Pan rallado	5.2oz	2.6 oz	1.7oz	1.4 oz

8 onzas fluidas	1 taza
1 pinta	2 tazas (16 onzas fluidas)
1 quarto	2 pintas (4 tazas)
1 galón	4 cuartos de galón

1 libra	16 onzas
1 taza	16 cucharadas
31/2 taza	12 cucharadas
1/2 taza	8 cucharadas
1/3 taza	5 cucharadas
1/4 taza	4 cucharadas
1/8 taza	2 cucharadas
3 tazas	1 cucharada

Temperatura de Horno

Fahrenheit	Celsius	Marca de gas
275	140	1 frio
300	150	2
325	165	3 muy moderado
350	180	4 moderado
375	190	5
400	200	6 moderado caliente
425	220	7 caliente
450	230	9
475	240	10 muy caliente

Medida para Cazuelas y Platos[3]

9X13	pulgadas plato de hornear	22x23	centímetros plato de hornear
8x8	pulgadas plato de hornear	20x20	centímetros plato de hornear
9x5	cazuela de masa (8 tazas)	23x12	centímetros cazuela de masa (2lb)
10	pulgadas cazuela de bizcocho	25	centímetros cazuela de bizcocho
9	pulgadas cazuela de bizcocho	22	centímetros de cazuela de bizcocho

---

[3]   Google. Alimentos y Consultas Históricas

"EL VALOR ES COMO EL AMOR; DEBE TENER ESPERANZA PARA NUTRIRSE."

Napoleón Bonaparte

ALGUNOS CONSEJOS CULINARIOS Y OTROS HIGIÉNICOS

Es importante que cuando hagas arroz u otros caldos pongas a hervir el agua necesaria para cocinarlos. Notaras que los alimentos se cocinaran con más rapidez y eficiencia.

Siempre sazona y prueba el sabor en tu mano y no en la cuchara que estas utilizando para no transmitir bacterias a los alimentos.

Puedes utilizar medidores o agregar tus sazones a tu gusto; no todas las veces necesitas medidores.

Siempre esté al tanto de la temperatura cuando estés cocinando los alimentos, incluyendo cuando deben ser retirados del fuego incluyendo el horno. Ha habido veces que yo personalmente marco una temperatura y los alimentos no han sido cocidos como sugiere el horno convencional. También para saber cuándo por ejemplo el bizcocho u otro alimento esté listo, incierta un cuchillo en el centro y si sale limpio es indicación que esta cocido.

Si el arroz te ha quedado crudo, prepara un poco de agua hervida con una pizca de sal, luego has un hueco en el centro ya cocido y vierte un poco de agua, cierra el hueco y cúbrelo a fuego lento, luego lo volteas y tapas una vez más.

Cuando tengas que sumergir pasta en agua hirviendo hazlo pausadamente hasta sumergirla completamente para que no te quemes al salpicar el agua.

Cuando estés cocinando guineos verdes, vierte un poco de leche al agua, rájalos a lo largo y corta los dos extremos finales; de esta manera no tendrás que pelarlos y quedaran tiernos para servir con otros platos de tu selección.

Si utilizas las manos para amasar o mezclar algún alimento, procura que no tengas anillos en los dedos, pulsera y que tus uñas estén bien limpias. La mayor parte del tiempo yo utilizo guantes desechables especialmente para adobar las carnes.

Evita platicar encima de los alimentos cuando estas preparándolos.

Cuando tengas tos no te cubras con las manos, la manera correcta es virar tu cabeza hacia la parte interior del brazo (codo). Cuando toses en las manos estas transmitiendo bacterias cuando tocas alimentos o saludas a otra persona.

Si estas resfriada (o) usa un pañuelo para cubrirte la boca; además si puedes evita preparar alimentos por largo tiempo en la cocina.

No entretengas o dejes entrar mascotas (perros, gatos o animales en general) a la cocina, es de muy mal gusto.

Cuando laves la loza u otros utensilios de cocina, sécalos para que no creen bacterias.

Mantén los alimentos cubiertos en todo tiempo.

Siempre lee la fecha de vencimiento para todo producto ya sea enlatado o empacado. Si el producto no tiene fecha pregunta al vendedor.

Lava las carnes y sazónalas con limón o naranja agria, preferible un día o varias horas antes para que cojan un buen sabor.

Puedes también dividirlas en trozos ya adobada y guardarlas en el refrigerador en la parte de congelación para uso cuando desees.

Finalmente, si cueces almejas o mejillones y notas que no abren mientras las cocinas deséchalos.

Ideas para obtener una carne más tierna

1. Asegúrese que las piezas de carne sean del tamaño adecuado.
2. El color de la carne te dice si el animal es viejo; por ejemplo si esta amarillento o descolorido en vez de rosado o rojo.
3. Dale unos golpecitos con un rodillo de madera a la carne; lo que sucede es que las fibras se rompen internamente un poco.
4. A toda carne gruesa ya sea de ave o res, siempre le doy unos cortesitos pequeños, de esa manera el calor se introduce más rápidamente.
5. Si deseas puedes empanizarla; el empanizado hace una capa de protección la cual producirá una carne tierna y jugosa en el interior.

"SI TUS ACCIONES INSPIRA A
OTROS A SOÑAR MAS, APRENDER
MAS, HACER MAS Y REALIZARSE
MAS, ERES UN LÍDER."

John Adams

CONSEJOS ALIMENTICIOS

Acostúmbrate a comer porciones pequeñas ya que de esa manera puedes controlar su peso y otros hábitos de comer.

Por ejemplo:[4]

Puedes usar el puño cerrado de su mano para medir la porción de arroz, pasta o cereal que debes comer. Con el pulgar de tu mano es la medida para el queso, la palma de su mano para una porción de carne sin grasa y la punta de su dedo pulgar para medir la cantidad de mantequilla de maní.

Otro método que puedes utilizar es la forma de un plato llano de nueve pulgadas de tamaño (siete pulgadas para niños); puedes notar que es redondo entonces divídelo en tres (3) partes, cada parte representa una porción de comida, la mitad 1/2 de una de ellas es de vegetales, la otra porción de ¼ es de carne y la otra porción es ¼ de arroz o algún alimento que contiene almidón.

También toma agua y disminuye las gaseosas o sodas; toma jugos naturales y bajos en azucares. Yo le platicaba a una

---

[4]   Department of Health & Mental Hygiene. Health Brochure. NYC Volume 10-Number 3.

amiga que todo lo de color obscuro era beneficioso para la salud tales como la azúcar morena sin procesar, la miel, el arroz integral, las harinas y muchos otros los cuales ya he mencionado; se que al principio es un poco difícil pero con el tiempo te acostumbraras.

También puedes controlar tu peso consumiendo menos calorías; la siguiente tabla te ofrecerá algunos ejemplos para medir calorías:

Calorías

Manzana grande	125
1 taza de habichuelas verdes enlatadas	25
Un pedazo o tajada de pan con mantequilla	100
Un pedazo de bizcocho amarillo	235
Un huevo frito	95
2 tajadas de jamón hervido	140
Un sándwich de hamburguesa	245
½ taza de helado de vainilla	135
10 onzas de leche malteada	335
1 taza de leche completa	150
1 taza de leche baja en grasa (2%)	120
1 pastelillo con queso	121

*Puedes encontrar información adicional en bibliotecas y departamento de salud con servicio a la comunidad.

"EL SECRETO DE ÉXITO ES COMER LO
QUE TE GUSTA Y PERMITIR QUE LOS
ALIMENTOS SE PELEEN DENTRO"

Mark Twain

UN REGALO PARA SU SALUD:

En los estudios que hice encontré que la cebada ayuda a bajar el colesterol y ayuda a prevenir el cáncer del colon. También que las uvas reducían los coágulos de sangre en las arterias y que era un buen antioxidante. Otro alimento beneficioso es la granada la cual previene los coágulos en las arterias y reduce el riesgo de cáncer en los senos.

Adicionalmente debemos reconocer que el pescado, el ajo, la cebolla y el vino son de gran beneficio a nuestra salud; yo por lo regular con sumo el vino kosher sin alcohol.

Pude observar que la gran mayoría de los vegetales verdes contienen una gran cantidad de vitamina k. Como mencioné anteriormente, si usted ha sido diagnosticado con problemas en sus arterias o la sangre debe consultar a su médico para que se cerciore de la cantidad que debe injerir de las mismas.

Aquí les menciono algunas (ricas en vitamina k).

Espinacas, brócoli, lechuga, las coles de Bruselas, pepino, apio, ciruelas, zanahorias, peras, hígado, jamón, queso, mantequilla, habichuelas verdes, berros, blueberries, blackberries, nueces e higos.

PARA SU REFERENCIA:

1. Tome desayuno diariamente, es la comida más importante del día, si usted no está acostumbrado(a) tómese un jugo licuado de hojas verdes, pero tome algo alimenticio.

2. Tome más agua por lo menos 6 o 7 vasos al día; si no la puede tolerar como me sucedía a mí, puede poner un poco de limón o sabor natural de frutas o consuma el agua seltzer. Todo es forma de hábitos, tómela poco a poco y vaya aumentando la cantidad. Tome agua saludable y purificada.

3. Evite las sodas de dietas; algunos estudios revelan que aunque no tienen gran cantidad de calorías, su cuerpo las convierte en azúcar y envía insulina a su sistema, luego la insulina en su sangre mueve la azúcar hacia las células y empiezan el proceso de almacenar grasa. Más adelante todo este proceso se convierte en una forma de metabolismo disfuncional que como resultado ganaras peso fácilmente y te será difícil perder esas libras. Finalmente puedes terminar con diabetes, alto colesterol, alta presión y varias formas de cáncer.

LOS ALIMENTOS Y SUS BENEFICIOS

He escogido algunos de los mejores alimentos para la salud tuya y de tu familia.

ARROZ INTEGRAL: Puede ser de color obscuro como generalmente le conocemos.

1. Contiene el 80% del magnesio requerido diariamente en nuestro cuerpo.
2. Reduce el riesgo del cáncer y enfermedades del corazón.
3. Normaliza el nivel del colesterol
4. Promueve pérdida de peso
5. Reduce el acumulamiento de placas en las arterias, enfermedades del corazón y colesterol alto.
6. Es rico en anti-oxidantes.
7. Ayuda a estabilizar la azúcar en la sangre.

HABICHUELAS/GRANOS: Tienen mucha fibra y ayudan a reducir el colesterol malo, también reduce la presión alta, controla el apetito y mantiene el nivel de la azúcar estable.

PAPAS ROJAS: Son altas en anti-oxidantes, bajas en calorías y grasas.

LENTEJAS:

Bajan el colesterol, ayudan al sistema digestivo, son altas en proteínas, dan energía, ayudan a la salud del corazón y estabiliza la sangre en la azúcar.

CEBOLLA ROJA

1. No grasa
2. Contiene vitamina C y B6
3. Contiene cromo (nutriente mineral)
4. Contiene nutrientes para protección contra el cáncer.
5. Combate las bacterias
6. Reduce la alta presión de la sangre

AJOS: Muy buenos para el sistema inmunológico, es un anti-oxidante, anti-inflamatorio, mantiene el corazón saludable, la arteriosclerosis y alta presión.

JAMONES: Algunos importados de España tienen vitamina B1, B6 y B12; un ejemplo es **el jamón ibérico de bellota**.

ACEITES: especialmente los de oliva ayudan a bajar el colesterol de la sangre, previene el cáncer, ayuda con la obesidad, la diabetes y osteoporosis. Sin embargo, si lo sobre calientas hasta que sale humo o lo re calientas varias veces, entonces se convierte dañino hasta convertirse en un producto carcinógeno, esto quiere decir que te dañara las células buenas convirtiéndolas en células cancerosas.

ACEITUNAS: Son anti-oxidantes, ayudan a la prevención del cáncer, ayuda con la pérdida de peso, mantiene el estomago saludable y el sistema cardiovascular.

CONDIMENTO: Usted puede hacer el mismo con especies, ajo, cebolla cilantro, pimienta y vinagre (puede agregar muchos otros ingredientes que usted conozca).

SALSAS: Las mejores son pesto, limón picante, romero, salsa mágica; yo por lo general consumo las importadas de Italia, dan un buen sabor a las comidas.

SAL: Yo prefiero la sal de mar con yodo; buena para la pérdida de peso, muy bueno para mantener el sistema inmunológico fuerte, para el sistema respiratorio, diabetes y palpitaciones irregulares del corazón.

POLLO: Procura que no sean alimentados con antibióticos u hormonas; cuando los encuentro prefiero los kosher y otros en el supermercado. Siempre lee las etiquetas; algunas ciudades tienen viveros y puedes comprarlos.

PAVO: Aunque no lo creas, protege del cáncer ya que tiene menos grasa saturada. Procura comprarlos orgánicos ya que son alimentados como cuando nuestros abuelos los criaban con purina.

PESCADO: Nunca lo limpio en casa pero de acuerdo a **Silvia H. de Púo** escritora, aconseja escoger el pescado con la piel firme, con sus escamas y ojos brillantes transparentes no hundidos.

CARNES ROJAS: Casi no la tengo en mi cocina, pero al usarla utilizo porciones pequeñas y con poca grasa. Nunca las fría o sobre cocine ya que puede expedir substancias carcinógenas.

CARNE MOLIDA: Seleccione la menos con grasa aunque es más costosa.

LAS PASTAS: Ayuda al crecimiento del cabello, bueno para la visión, ayuda a la salud cardiovascular y muy beneficioso para la piel.

LAS HARINAS: Hay diferentes clases de harina por ejemplo la de hacer bizcochos, para hacer pan en fin harinas para todo uso en la cocina. Cuando entiendes su diferencia puedes elegir mejor.

Sin embargo la harina blanca la cual se utiliza casi para todo en nuestra cocina ha sido procesada y por eso le notaras un color blanco. Le han puesto **colorina o peróxido.** La que no ha sido procesada contiene todos sus nutrientes y es procesada naturalmente, también la puedes conseguir orgánicas.

Si la almacenas en un gabinete en la cocina se puede conservar 8 meses y en la refrigeradora hasta un año. Fíjate que el paquete este bien sellado y que no tenga un escape de aire los cuales pueden estar expuestos a la contaminación. Tampoco la almacenes cerca de productos que tengan un olor fuerte aunque sean comestibles.[5]

---

[5] De Pou, Silvia M. Leccion De Cocina. Mujer 2000. Editora Amigo del Hogar. 1992. Pg. 18

LAS FRUTAS Y LOS VEGETALES

¡CUAN BENEFICIOSAS SON LAS FRUTAS!

Todas las frutas tienen sus beneficios y estoy consciente que están familiarizados con las mismas; pero desde mi cocina solo estoy compartiendo mis experiencias no se olviden! Comencemos con una de mis favoritas:

La Piña:

1. Fortalece los huesos
2. Previene los resfriados
3. Contiene vitaminas y minerales (vitamina C, Calcio, Fosforo y Potasio).
4. Mantiene las encías saludables
5. Es un anti-oxidante
6. Previene ataques al corazón
7. Es buena para los riñones
8. Alivia la artritis
9. Mejora la digestión

El tomate (es una fruta)

1. Previene muchas clases de cáncer (colateral y del estomago).
2. Mantiene los huesos fuertes

3. También es un anti-oxidante
4. Previene ataques al corazón
5. Es bueno para los riñones
6. Bueno para tratar la diabetes

Uvas:

Son muy ricas en antioxidantes

Higos:

Contienen magnesio, potasio, calcio y recomendables para el prevenir el cáncer en la piel.

Pasas:

Contienen hierro, potasio, vitamina B, fibra y carbohidratos.

Manzanas:

Estabiliza el agua en la sangre, ayuda a detener las células cancerosas y previene la constipación.

Papaya:

Se dice que es muy beneficioso para los trastornos estomacales ya que es muy alta en enzimas digestivas.

Mango:

Purificador de la sangre.

Cantalupo:

Contiene vitamina C, B6, A, minerales y potasio.

Guanábana:

Beneficioso para el sistema inmunológico, ayuda para el sistema digestivo y como remedio anti-flamatorio.

Bananas:

Contienen 23% de hidrato de carbono; su valor nutritivo es superior al de la mayor parte de las frutas...y pensar que creíamos que solo tenía potasio!

Calabaza (es una fruta)

Contiene sales minerales incluyendo fosforo y calcio.

Ciruelas:

Son beneficiosas para tratar el estreñimiento y el reumatismo.

Coco:

Su agua es un purificador de la sangre y gran productor de fuerza.

Cerezas:

Ricas en vitamina A, B, C, E y K; es una fuente de calcio, hierro, magnesio y potasio.

Kiwi: Es un protector contra las enfermedades respiratorias; regula la presión arterial y los niveles de colesterol.

Fresa:

Cinco o seis fresas al día son suficientes para cubrir la dosis diaria de vitamina C.

Toronja:

Útil para todas las afecciones de las vías respiratorias.

Aguacate (si! Otra fruta)

Contiene sales minerales y vitamina A, B1, C, D, y E.

Níspero:

Contiene hidrato de carbono.

Naranjas:

Se dice que es una de las frutas más valiosas de la naturaleza; gran desinfectante del intestino.

LOS VEGETALES

Los vegetales hablan por ellos mismos, son muy nutrientes y buenos para nuestra salud. Sin embargo, les deseo sugerir que se acostumbren hacer jugos verdes en las mañanas. Puede ponerlos en su extractor de jugos o licuadoras y tomarse ese jugo de desayuno. Los siguientes los utilizo en jugo y ensaladas:

El brócoli, los pequeños repollitos (brussels spraouts), zanahorias, tomate, espinaca (yo prefiero las nuevas **baby spinach**) además son muy buenos anti-oxidantes. Si no te agrada el sabor puedes agregarle un poco de jugo de naranja o cualquier otro que te guste hasta que te acostumbres. Yo tenía ese problema pero ya lo he vencido.

Aquí comparto algunos adicionales que prefiero:

Cebolla
Pimientos
Patata dulce

Tomate (el cual se considera vegetal y fruta) esta fruta está categorizada por los médicos como la fruta/vegetal más efectiva en la prevención del cáncer con un 30% de efectividad; especialmente si es consumido tres (3) veces por semana.

*Todos son gran fuente alimenticia y altos en propiedades anti-oxidantes.

ALIMENTOS BÍBLICOS

Dios ha provisto al hombre con todo alimento necesario para sobre vivir en esta tierra, esto incluyendo plantas medicinales. Nosotros somos los que hemos contaminado la tierra con las ideas de preservar y aumentar la producción hasta hacernos daño a nosotros mismos.

En la presentación que sigue compartiré solo algunos de los alimentos bíblicos y también les presentare que alimentos aun siendo naturales no son recomendables si usted padece, ha tenido alguna cirugía del corazón o ha sido diagnosticado con coágulos en las arterias.

Recuerden que los alimentos se deben tomar en cantidades pequeñas y ser seleccionadas adecuadamente. Su médico o nutricionista pueden aconsejarles como tomar los mismos.

Algunos alimentos bíblicos son:

1. Uvas , granadas e higos (Números 13:23)
2. Aceite de oliva, granados, cebada y miel (Deuteronomio 8:8)
3. Trigo, habas, garbanzos, queso, manteca, harina y vacas (2 Samuel 17:28)
4. Pescado (Lucas 24:42)
5. Pan y lentejas (habichuelas) (Génesis 25:34)

Lo importante es que cuando consumamos los alimentos al igual que toda acción sea para glorificar a Dios (1 Corintios 10:31).[6]

UN FACTOR INTERESANTE:

Dicen los historiadores que después del diluvio Noah primeramente sembró uvas.

¿No le parece este historial lo suficiente significante para entender nuestros presentes hábitos alimenticios?

---

[6]   La Santa Biblia. Broadman & Holman. Nasville, Tenessee. 1960

LOS ARROCES

Ha sido mi deseo compartir mis arroces favoritos. Disfrútelos y recuerden siempre servirse porciones pequeñas, de esa manera nunca arruinaran su dieta. Personalmente no creo que el arroz haya que eliminarlo completamente de nuestra dieta. Todo alimento se pude consumir con moderación.

Mis Arroces Favoritos

Puede seleccionar el integral primeramente y luego el de su gusto. Si es arroz suelto por libra, escójalo cuidadosamente. Fíjese que no tenga piedras, semillas o insectos los que pueden estar adjuntos al grano. Debe esparcirlo entre los dedos para eliminar los mismos aunque parezca limpio. Si lo compra en supermercado moderno entonces lávelo al menos dos veces antes de cocerlo.

<u>Los siguientes son mis arroces favoritos</u>:

1. Arroz con salchichas
2. Arroz con gandules
3. Arroz con garbanzos
4. Arroz con salchichón (lo considero un antojito)
5. Arroz con habichuelas de cualquier color
6. Arroz amarillo
7. Arroz blanco
8. Arroz con vegetales
9. Arroz con maíz (estilo mejicano)
10. Arroz con pollo
11. Arroz con bacalao
12. Arroz frito chino

La mayoría de los demás arroces me gustan, pero no los considero mis favoritos. Puedes incluirlos en tu cocina solo cambia el contenido.

Entonces comenzaremos con los arroces…

Arroz con Salchichas

1 libra de arroz
sal a gusto (sal de mar)
2 cucharadas de aceite de maíz o vegetal
1 cucharada de sofrito
1 lata de salchichas grande o dos pequeñas (reserve el agua)
2 cucharadas de salsa (opcional)
1 sobre de sazón con achiote
4 tazas de agua

Método de preparación:

En una cacerola ponga el agua a hervir. En una cazuela ponga el aceite, sofrito y sazón a sofreír a fuego lento. Añada las salchichas partidas en pedazos y continúe sofriendo. Añada las dos cucharadas de salsa y voltee. Rápidamente lave el arroz dos veces y añada a la mezcla que esta sofriendo, revuelva. Finalmente añada el agua hirviendo y el agua de las salchichas que reservo y sazone con sal a su gusto. Cuando el agua seque dejando ver el arroz en la superficie, baje el fuego, voltee el arroz y tape. Puede probar si el arroz está listo para tapar insertando una cuchara en el medio y si la misma se mantiene recta, es señal de voltear y tapar. Deje pasar unos 15 minutos y vuelva a voltear asegurándose que el grano este abierto. Una manera de asegurarse si está bien cocido es tomando unos granos de arroz en la yema de sus dedos y presionando. Podrá observar si queda en el centro crudo o cocido.

Este plato puede acompañarse con una ensalada simple o solo ya que es muy delicioso.

Arroz con Gandules

1 libra de arroz
½ libra de jamón de cocinar con hueso
1 lata de gandules o si prefiere puede hacerlos frescos ya
  hervidos
(si los ha hervido reserve el agua)
2 cucharadas de sofrito
sal a gusto (sal de mar)
1 sobre de sazón con achiote
2 cucharadas de salsa (opcional)
4 tazas de agua
2 cucharadas de aceite de maíz o vegetal
1 hoja ancha de plátano verde (la conseguirá en algunos
  supermercados)
1 pote pequeño de alcaparrado con aceitunas rellenas

Método de preparación:

En una cacerola ponga el agua a hervir (reserve). En una cazuela añada el aceite y el jamón partido en pedacitos y sofría bien hasta que este dorado. Luego añada el sofrito y revuelva. Prosiga a añadir el sazón, la salsa y alcaparrado, continúe revolviendo. Lave el arroz dos veces y añada ligeramente. Revuelva bien y añada los gandules remueva y añada el agua de los gandules hervidos, si es suficiente no tiene que usar la que ya ha reservado hervida (nunca use el agua de los gandules en lata). Deje hervir hasta que seque un poco, revuelva y cubra con la hoja de plátano y luego con la tapa de la cazuela. Baje el fuego y deje y vuelva a revolver en 15 minutos hasta que el arroz este cocido.

*L a hoja de plátano le dará un sabor a pasteles al arroz.

Arroz con Garbanzos

1 libra de arroz
4 tazas de agua
sal a gusto (sal de mar)
2 cucharadas de aceite de maíz o vegetal
2 cucharadas de sofrito
1 una lata de garbanzos (si prefiere puede cocerlos en
   casa-reserve esta agua)
1 sobre de sazón con achiote
2 cucharadas de salsa (opcional)

Método de preparación:

En una cacerola ponga a hervir el agua y reserve (o reserve la de los garbanzos hervidos). Luego en una cazuela añada el aceite, el sofrito, el sazón y la salsa y sofría. Rápidamente lave el arroz dos veces y agregue a la mezcla de sofrito y revuelva; luego añada los garbanzos y el agua de su preferencia sazonando con sal a gusto. Deje hervir hasta que seque un poco, luego revuelva y tape bajando el fuego para que se cocine bien. Después de unos 15 minutos revuelva y tape una vez más hasta que esté bien cocido.

*Sirva con su plato favorito.

Arroz con Salchichón

1 libra de arroz
1 salchichón de 8 onzas
2 cucharadas de aceite de maíz o vegetal
2 cucharadas de sofrito
sal a gusto (sal de mar)
2 cucharadas de salsa (opcional)
1 sobre de sazón con achiote
4 tazas de agua

Método de preparación:

En una cacerola ponga el agua a hervir y reserve. En una cazuela añada el aceite y remueva la piel que cubre el salchichón, corte en pedacitos y sofría hasta que esté dorado (cuidado que no se queme). Luego añada el sofrito, la salsa y sazón y continúe sofriendo. Lave el arroz rápidamente dos veces y agregue a la mezcla de sofrito. Revuelva y añada el agua hervida, sazone con sal al gusto y deje hervir hasta que seque un poco. Cuando seque baje el fuego, revuelva y tape por 15 minutos. Revuelva y tape una vez más hasta que esté cocido.

*Sirva con ensalada o como un antojito.

Arroz con Habichuelas (cualquier clase o color)

1 libra de arroz
4 tazas de agua
1 lata de habichuelas (o cocidas en casa-reserve esta agua)
2 cucharadas de sofrito
1 sobre de sazón con achiote
2 cucharadas de aceite de maíz o vegetal
sal a gusto (sal de mar)
2 cucharadas de salsa (opcional)
½ libra de jamón crudo o cocido en pedacitos
1 pote pequeño de aceitunas rellenas

Método de preparación:

En una cacerola ponga el agua a hervir y reserve. Luego
en una cazuela añada el aceite y jamón y sofría bien sin
quemar, luego añada el sofrito, salsa, sazón y aceitunas y
continúe sofriendo. Luego lave el arroz rápidamente dos
veces y añada a la mezcla del sofrito revolviéndolo, añada
las habichuelas revuelva y añada el agua hervida o el agua
de las habichuelas que usted hirvió. Deje hervir hasta que
seque un poco, baje el fuego revuelva y tape por unos 15
minutos. Luego revuelva otra vez hasta cerciorarse que esté
cocido.

*Sirva con su plato favorito.

Arroz Amarillo

1 libra de arroz
2 cucharadas de aceite de maíz o vegetal
4 tazas de agua
sal a gusto (sal de mar)
2 cucharadas de sofrito
1 sobre de sazón con achiote
1 pote de alcaparrado con aceitunas rellenas
2 cucharadas de salsa (opcional)

Método de preparación:

En una cacerola ponga a hervir el agua. En una cazuela agregue el aceite, sofrito, sazón, salsa y alcaparrado. Sofría bien, luego lave el arroz dos veces rápidamente y agregue al sofrito revuelva y agregue el agua. Deje hervir y sazone de sal a gusto. Luego cuando esté un poco seco revuelva, baje el fuego y tape por unos 15 minutos. Destape y revuelva una vez mas y tape hasta que este cocido.

*Sirva con su plato de selección; este arroz puede acompañar ensaladas y guisados.

Arroz Blanco

1 libra de arroz
2 cucharadas de aceite de maíz o vegetal
sal a gusto (salde mar)
½ libra de tocino (opcional – algunas personas lo prefieren con tocino)
4 tazas de agua

Método de preparación:

En una cacerola ponga el agua a hervir. Luego lave el tocino y pártalo en pedacitos y reserve. En una cazuela agregue el aceite y sofría bien el tocino. Luego lave rápidamente el arroz dos veces y agréguelo al tocino que esta sofriendo. Revuelva y agregue el agua hirviendo, finalmente sazone con sal a gusto. Déjelo hervir hasta que seque un poco, revuélvalo y tape por unos 15 minutos. Luego revuelva una vez más para asegurarse que esta cocido.

*Sirva con su plato de selección. Este arroz va excelente con guisados u otros platos preferidos.

Arroz con Vegetales

1 libra de arroz
1 paquete de vegetales congelados (si prefiere use vegetales
   frescos)
sal a gusto
2 cucharadas de aceite
2 cucharadas de sofrito
1 sobre de sazón con achiote
1 cubito de caldo de carne

Método de preparación:

En una cacerola ponga a hervir el agua. Luego rápidamente descongele los vegetales pasándolos por agua tibia, escurra y reserve. En una cazuela ponga el aceite y agregue el sofrito, sazón y sofría. Agregue los vegetales y remueva, luego lave el arroz rápidamente dos veces y agregue, continúe volteando. Diluya el cubito de carne en un poquito de agua y agregue. Finalmente agregue el agua hirviendo, sazónelo de sal y deje hervir hasta que seque un poco. Luego voltéelo y tápelo por unos 15 minutos. Vuelva a voltear hasta que esté cocido.

*Puede acompañar con cualquier plato o aun solo si lo prefiere.

Arroz con Maíz

1 libra de arroz
2 cucharadas de aceite de maíz o vegetal
4 tazas de agua
1 sobre de sazón con achiote
2 cucharadas de sofrito
1 lata de maíz al estilo mejicano (si prefiere puede
seleccionar el simple)
1 cubito de caldo de carne
sal a gusto (sal de mar)

Método de preparación:

En una cacerola ponga a hervir el agua y reserve. En un poquito de agua diluya el cubito de carne y reserve. En una cazuela agregue el aceite y caliente añadiendo el sofrito, sazón y sofría. Luego agregue el maíz en su agua y el caldo diluido y revuelva. Luego lave el arroz rápidamente dos veces y agregue, revuelva y agregue el agua hirviendo, sazone con la sal a gusto y deje hervir hasta que seque un poco. Finalmente baje el fuego, revuelva y tape por unos 15 minutos. Una vez más revuelva cerciorándose que esté cocido, tape una vez más si es necesario.

*Puede acompañarlo con su selección de platos favoritos.

Arroz con Pollo

1 pollo kosher, natural sin hormonas o de vivero de dos
libras
2 tazas de arroz
2 limones o una naranja agria
1lata de petit-pois
5tazas de agua
2 cucharadas de aceite de maíz o vegetal
sal a gusto (sal de mar)
1 pote de alcaparrado con aceitunas rellenas
2 dientes de ajos majados
½ taza de vinagre de vino
2 cucharadas de adobo con pimienta y cilantro
1 lata pequeña de pimientos morrones

Método de preparación:

Corte e pollo en pedazos pequeños y lávelo bien. Luego
lávelo con el jugo de naranja o limón. Haga una mezcla con
el vino, los ajos machacados, el adobo y sazone el pollo.
(A veces yo adobo el pollo con varias horas de anterioridad
para que coja gusto). Pero puede poner a un lado por unos
diez minutos. Ponga a hervir el agua. En un sartén añada
una cucharada de aceite, sazón, alcaparrado, sofrito,
sofría y reserve. En una cazuela añada la otra cucharada
de aceite y una vez caliente agregue las piezas de pollo.
Voltee el pollo hasta que este como para fruir, sin sangre.
Una vez doradito, añada la mezcla de sofrito y revuelva.
Luego agregue los petit-pois y después de lavar el arroz
rápidamente agregue y voltee. Agregue el agua hirviendo
y sazone con sal a gusto. Déjelo hervir hasta que seque

un poco, voltéelo y tape por unos 15 minutos. Vuelva y voltéelo hasta que esté cocido. Llévelo a la mesa adornado con pimientos morrones cortados en tirillas sobre el arroz.

*Listo para servir con ensalada o su plato de selección.

Arroz con Bacalao

1 libra de arroz
4 tazas de agua
sal a gusto (sal de mar)
1 libra de bacalao sin espinas/filete
1 pote pequeño de alcaparrado con aceitunas rellenas
2 cucharadas de sofrito
2 cucharadas de salsa de tomate (opcional)
1 una cebolla picadita

Método de preparación:

Es preferible que pongas el bacalao en agua a remojar desde la noche anterior, pero si no pudo hacerlo, póngalo a hervir para que suelte la sal un poco y reserve. Luego en una cacerola ponga a hervir el agua. Revise el bacalao hervido y deseche el agua. En una cazuela agregue el aceite, sofrito, sazón, salsa y alcaparrado y sofría bien. Desmenuce el bacalao con los dedos un poco y agregue al sofrito y sofría. Agregue el arroz y voltee. Luego agregue el agua, pruebe de sal (si la sal del bacalao ha sido suficiente) y déjelo hervir hasta que seque un poco, luego voltee baje el fuego y tápelo dejándolo por unos 15 minutos. Vuélvalo a voltear hasta que esté cocido.

*Sírvalo con su plato favorito.

Arroz Frito Chino

(al estilo de los chinos de New York)
2 1/2 de arroz
1 taza de jamón hervido picado
1 cebolla mediana picadita
4 tazas de agua hervida
2 huevos
sal de mar a gusto
1 tallo de apio picadito (celery)
½ libra de habichuelas chinas
1 sobre de sazón con achiote
2 cucharadas de sofrito
salsa de soya china
1 cucharadita de mantequilla

Método de preparación:

En una cazuela vierta el aceite y el jamón sofriendo el mismo hasta que este doradito luego, añada el sofrito, salsa, sazón, apio, cebolla, habichuelas chinas y continúe sofriendo. Después de haber lavado el arroz dos veces, viértalo sobre el sofrito y voltee añadiendo la salsa china. Luego agregue el agua la cual ha estado hirviendo sobre el arroz, voltee y pruebe de sal, déjelo hervir hasta que seque un poco, luego voltee y tápelo por 15 minutos. En una sartén ponga la mantequilla, bata los huevos y haga un revoltillo picadito. Al voltear el arroz por segunda vez mezcle el revoltillo de huevo con todo el arroz y vuelva a tapar hasta que esté cocido.

*Puede servir con pollo frito, solo u otro plato de su preferencia.

LAS SALSAS Y EL SOFRITO HECHO EN CASA

Las salsas son muy necesarias para las comidas. Puede usarlas en las carnes y ensaladas.

Además de ser gran parte de la mayoría de las salsas, no hay nada mejor que usted haga su propio sofrito, lo reserve para futuros platos y comparta con sus amistades.

Las Salsas

Aquí compartiré con usted algunas salsas simples. La salsa es algo que usted fácilmente puede hacer en su casa especialmente en ocasiones donde usted quiere ser la creadora de platos específicos para familiares y amistades.

Salsa de mayonesa

7 cucharadas de mayonesa
2 cucharadas de salsa de tomate
2 dientes de ajos machacados
Sal de mar al gusto
1/3 taza de agua (para que no quede muy espesa)

Método de preparación:

Mezcle bien en una licuadora o batidor todos los ingredientes y esta lista para servir con su pasta favorita.

*Puede variar los ingredientes a su gusto y selección de otros ingredientes.

Vinagreta

1 taza de vinagre de vino
½ taza de aceite de oliva
sal de mar al gusto
Pimienta al gusto

Método de preparación:

Mezcle los ingredientes en un embase ancho, asegurándose que la sal se diluya bien.

*Puede servirlo sobre toda clase de mariscos

Salsa de Queso para Ensaladas

1/2 taza de queso blanco
2 cucharadas de mostaza
sal de mar a gusto
pimienta al gusto
½ taza de agua
1 cucharadita mostaza

Método de preparación:

En tazón ancho o envase de mezclar una todos los ingredientes gradualmente, dejando para lo último el queso. Luego agregue el queso en pedacitos mezclando con un batidor hasta que forme una mezcla espesa.

*Sirva con su ensalada favorita.

Salsa Alfredo

Esta salsa italiana es riquísima y es fácil de preparar; la puede poner sobre la pasta o platos favoritos, siempre usando su creatividad.

3 cucharadas de mantequilla
4 tazas de crema pesada
2 dientes de ajo bien machacados cremosos
2 cucharadas de aceite de oliva
½ taza de queso parmesano rallado
Sal de mar y pimienta a gusto
¼ de queso mozzarella

Método de preparación:

En una licuadora mezcle todos los ingredientes sin incluir el queso parmesano hasta que tenga una consistencia cremosa. Luego vierta la mezcla en una cacerola y ponga a calentar bien revolviendo constantemente.

Vierta la mezcla sobre la pasta y polvoree con el queso parmesano rallado.

*Si desea más cantidad solo duplique las cantidades.

Guacamole

(Inspirado por Mireya Mares de Guillen)

3 aguacates maduros
1 cebolla morada picadita
El jugo de un limón
Sal de mar a gusto
Ajíes picantes (opcional)

Método de preparación:

Seleccione los aguates bien maduros (examinándolos por abajo presionando con el dedo), corte la cebolla, los ajíes y el tomate en pedacitos pequeños. Vierta el jugo de limón sobre la cebolla, los ajíes y el tomate, reserve. Quítele la piel a los aguates partiendo por tajadas y remueva la semilla del centro.

En un embase plano parta los aguacate en pedazos y májelos a punto de puree (prefiero majarlos a licuarlos). Vierta el resto de los ingredientes y revuelva probando de sal.

Puede servir como aperitivo con hojuelas de maíz sobre la mesa para invitados; o con galletitas en cualquier dia.

Salsa de Miel y Limón

4 cucharadas de miel
½ taza de jugo de limón
10 frambuesas (strawberries) bien maduras

Método de preparación:

Mezcle todos los ingredientes licuándolos hasta formar una mezcla suave. Puede usar otras frutas de su preferencia.

*Puede verter esta mezcla sobre carnes, asados y filetes de su selección.

*Puede utilizar puree de mango

Salsa Curry

1 cucharada de polvo curry
1 cucharada de harina blanca para toda ocasión
1 cucharada de mantequilla
½ cucharada de sal de mar
1 taza de leche entera
2 cucharadas de mayonesa
1 zanahoria picada
1 cebolla pequeña picada
Una porción de celery picada

Método de preparación:

Ponga todos los ingredientes en una cazuela, calienta y remueva hasta que se vierta espesa y cosida. Puede escoger la forma de espesor; también puede utilizar leche de coco.

*Puede llevar a la mesa y verterlo sobre el pollo o carne de su preferencia.

Sofrito hecho en Casa

(con permiso de la Sra. Orfelina M. de Suarez)

Usted observara que en la mayoría de las recetas le he pedido que use sofrito y pocas veces pido otros ingredientes como ajo cilantro etc. esto quiere decir que si usted usa este sofrito hecho por usted, se ahorrara procesar otros ingredientes.

Ingredientes:

2 cebollas moradas picadas en cuatro pedazos
3 dientes de ajo
2 pimientos limpios y picados en pedazos
4 tomates para cocinar
3 hojas de cilantro ancho
5 ajíes dulces limpios
El jugo de una naranja agria
1 cucharadita de sal
1 celery/apio picado en ruedas
4 hojas de espinaca
1 cucharadita de azúcar (opcional)
Una botella de cristal con boca ancha que sostenga 16 onzas de mezcla

Método de preparación:

Ponga todos los ingredientes en la licuadora y licue hasta obtener una mezcla consistente. Luego vierta en la botella de cristal y ponga en el refrigerador. Yo le sugiero que saque la cantidad que va usar para la semana u ocasión y reserve el resto en el congelador para que no crie bacteria y se le dañe. Usted puede agregar otros ingredientes que desee.

COMIDAS PARA EL BEBÉ

Creo que no debe faltar especialmente en este libro el cual tiene un toque humano y de hermandad.

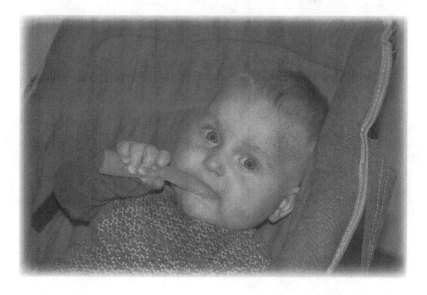

Comidas Rápidas para su Bebé

Haga lo posible por preparar los alimentos de su bebé en casa. De esta manera le estará preparando un alimento natural sin preservativos ni substancias químicas; además le ensenara un buen comienzo alimenticio a temprana edad. Usted puede usar vegetales y frutas orgánicas, las cuales están disponibles en el mercado.

Comida de zanahorias

1 taza de zanahorias bebé
Un poco de agua

Método de preparación:

Ponga a hervir un poco las zanahorias hasta que estén tiernas (no sobre cocidas) Ponga la mezcla en la licuadora y mezcle hasta que tenga una consistencia suave.

Comida de Pollo con Arroz para Bebé

Dependiendo la cantidad que necesite pude hacer las medidas. Yo solo le daré una medida como guía.

1 taza de pollo cosido (pollo de vivero, kosher u orgánico)
1 taza de arroz cocido
Un poco de agua o caldo natural de pollo

Método de preparación:

Si desea puede usar del arroz que ya uso para el almuerzo, sin embargo le recomiendo que prepare el arroz para el bebé separado ya que no tendrá condimentos ni las grasas que usamos en la preparación de arroz para adultos.

Ponga todos los ingredientes en la licuadora hasta que tenga una consistencia suave.

*Puede hacer variedades de comidas para su bebé, siguiendo estos ejemplos de comidas.

LAS PASTAS

Aunque usted está muy familiarizada (o) con ellas, las e
incluido ya que son buenas acompañantes en las comidas;
se preparan rápidamente y se pueden utilizar con gran
variedad de platos.

Algunas Pastas

Pizza Italiana de Queso y Salami
(con inspiración de los chefs: Alessio Corsini y Divide Rafanelli-Florencia, Italia)[7]

La masa:

7 tazas de harina de trigo
3 tazas de agua
1 oz de levadura para pizza
1 cucharada de sal de mar
2 cucharaditas de aceite de oliva extra virgen

Salsa y sus ingredientes para la pizza:

2 tazas de puré de tomate
2 tazas de queso mozzarella
1 taza de salami o peperroni

Método de preparación:

Añada la levadura al agua y revuelva vigorosamente hasta que se disuelva

Ponga la harina en una superficie de mármol o madera

Usando sus manos, haga un pozo en el medio de la harina, luego añada la mezcla del agua mezclada con sal disuelta y aceite de oliva al pozo. Con un tenedor, gradualmente añada harina de la pared formada hacia el pozo. Cuando la

---

[7] Corsini, Alessio. Food & Wine Academy of Florence. Florence, Italy

mezcla tenga una consistencia pegajosa, empiece a amasar con las manos. Amase la masa por 10 minutos. Una vez la masa esta suave, pártala en tamaños de su selección (cada tamaño seleccionado es una pizza).

Forme una, dos o tres bolas con cada pieza de su masa. Deje la las bolas que descansen por unas dos horas cubriéndolas con una toalla húmeda. Luego coja una de las bolas de masa, la cual debe haber crecido en un gran tamaño y hágala en una forma circular con la mano. Luego riegue un poco de harina en la superficie donde está trabajando y usando un rolo, rolee en un círculo con un diámetro de 15 centímetros. Luego si desea póngala en un molde engrasado para pizza o si prefiere puede prepararla en la superficie donde estaba trabajando. Esparza la base de la pizza con el puré, seguido con el queso mozzarella y luego el salami o pepperroni.

Caliente el horno a 460 grados y hornee por 4-5 minutos. Sirve a una pizza por bola.

Nota:

Como esta pizza se preparo en una academia de cocina en Italia, utilizamos una mesa de mármol para trabajar la pizza. Pero como le sugerí anteriormente, usted puede reemplazar la mesa por un molde engrasado para pizza.

Coditos con Carne (pasta)

1 libra de carne de res molida
1 caja de coditos (16 onzas) #32
1 cucharada de sal de mar (o a gusto)
1 cucharadita de aceite de oliva
1 pote de salsa italiana con sabor a carne
10 tazas de agua para hervir los coditos
1 sobre de sazón con achiote
1 una cebolla pequeña picadita
Queso parmesano a gusto

Método de preparación:

En una olla para guisados ponga el agua a hervir, agregue sal a gusto y una cucharadita de aceite. Cuando esté a punto de hervir, agregue los coditos revolviendo para que no se peguen. Una vez cocidos escurra toda el agua y reserve.

Ligeramente lave la carne, reserve. En una cazuela ponga a sofreír el aceite, sazón, cebolla y ajo. Luego añada la carne poco a poco y continúe sofriendo hasta que la carne tome un color de cocida (no deje nada de sangre). Añada la salsa y revuelva dejándola hervir (si necesita un poco de liquido añádele agua.

Cuando esté bien cocida, pruébela de sazón a su gusto y vierta la mezcla sobre los coditos ya hervidos. Al servir puede cubrirlos con queso parmesano.

Sirva solo o con su plato de preferencia.

Macarrones con Queso

1 caja de macarrones (16 onzas)
1 libra de queso americano
1 cucharadita de sal
3 ½ de leche entera
3 huevos (batidos)
3 litros de agua
1 cucharadita de aceite

Método de preparación:

Ponga a cocer los macarrones en agua con un poco de sal y la cucharadita de aceite. Remueva ya que al principio tienden a pegarse. Una vez cocidos reserve (cuidado de no sobre cocinar).

En otra olla pequeña ponga la leche, agregando el queso poco a poco en pedacitos hasta que obtenga una crema suave. Luego escurra el agua de los macarones, vertiendo la crema sobre los mismos y mezcle; utilice un molde, engrasado con mantequilla y vierta toda la mezcla. Luego agregue los huevos batidos sobre los macarrones y ponga en el horno por unos 35 minutos a 350 grados.

El huevo le dará un color bronceado y afirmara la mezcla. Podrá partir la al servir en cuadros o con cuchara.

Sirva solo o con su plato de preferencia.

Canelones Rellenos de Carne

1 libra de canelones
3 litros de agua
1 ½ cucharadita de aceite de oliva
1 libra de carne de res molida
1 sobre de sazón con achiote
1 diente de ajo majado a punto de puree
2 potes de salsa italiana (16 oz.) con sabor a carne
1 cucharadita de margarina de su preferencia
Queso parmesano a gusto

Método de preparación:

En una cazuela ponga a sofreír la sazón con achiote, una cucharadita de aceite y ajo. Luego después de lavar la carne ligeramente con cuidado que no se desintegre, viértala sobre el sofrito y revuelva hasta que se torne cocida sin sangre. Añada la salsa y déjela que se cueza bien.

Ponga a salcochar los canelones en el agua hirviendo, sal y la ½ cucharadita de aceite sobrante. Puede agregar los canelones poco a poco y revolviendo suavemente para que queden despegados. Examine que no estén sobre cocidos.

Engrase un molde con de su preferencia con margarina, cubra el fondo con salsa; empiece a rellenar los canelones con la carne y coloque en el molde hasta cubrirlo. Vierta salsa y queso parmesano; continúe el mismo proceso en la segunda tapa. Luego cúbralos con papel aluminio y ponga al horno a una temperatura de 350 grados por unos 15 minutos.

Sirva solos un con su plato favorito.

Espaguetis con Albóndigas

1 caja (1 libra) de espaguetis
1 pote de salsa (32onzas) italiana con sabor a carne
    (preparada, caliente)
Queso parmesano a gusto
1 cucharadita de sal de mar
1 ½ cucharadita de aceite de oliva (para sofreír los
    espaguetis solamente)
1 libra de carne molida (lavada ligeramente)
2 litros de agua (si necesita un poco más, observe y añada
    más agua)
1 sobre de sazón con achiote
1 cucharada de sofrito
1 taza de harina de trigo
Aceite vegetal adicional para freír.

Método de preparación:

En una sartén ponga a sofreír una cucharadita de aceite,
sazón, sofrito y sal y reserve. En una cazuela con agua
hirviendo, agregue una pizca de sal y la ½ cucharadita de
aceite restante; luego vierta los espaguetis poco a poco
hasta que estén todos sumergidos en el agua; revíselos para
que no se peguen y sobre cuezan. Luego que el sofrito este
mas frio vierta la carne molida y adóbela bien, si desea
puede usar sus manos para amasarla bien (yo acostumbro
usar guantes plásticos desechables).

En un plato ancho vierta la harina de trigo, tome una
cucharada de carne y haga una bola pequeña en sus manos
polvoreando con harina para que no se peguen; en una
cazuela tenga preparado el aceite caliente y fría las bolas
de carne hasta que estén doraditas. Ponga a escurrir en

papel toalla y viértalas en la salsa preparada. Vierta sobre los espaguetis ya escurridos para servir a su gusto. Si desea polvoree queso parmesano sobre este plato.

Las Albóndigas:

Note que yo las preparo sazonando la carne con especies para darles un sabor único. Puede agregar a la masa de carne adobo, sazón y probar de sal antes de ponerlas a freír. Usted notara un sabor exquisito para acompañar su pasta.

Lasaña de Carne y Queso

1 caja o (16 piezas) de pasta especial para lasaña
1 litro de agua (cuando este hirviendo si se va secando
  agregue más agua)
1 cucharada de sal de mar
1 cucharadita de aceite
1 paquete de queso mozzarella partido en rebanadas o tiras
1 frasco grande (32 oz.)de queso ricotta
1 pote de salsa italiana con sabor a carne
1 sobre de sazón con cilantro
1 libra de carne de res
1 pote (8oz.) de queso parmesano
Papel aluminio

Método de preparación:

En una olla ponga a hervir el agua con la sal y aceite,
poco a poco sumerja las piezas de lasaña hasta que todas
estén cubiertas del agua hirviente. En otro caldero haga un
sofrito con la sazón y la carne de res revolviéndola bien
hasta que se cocine bien, luego añada la salsa, continúe
revolviendo y reserve. Ponga el horno a calentar a 375
grados. En un molde de tamaño 9x13 agregue de la salsa
italiana hasta cubrir el fondo, luego cúbralo con los pedazos
de pasta hervida, agregue carne hasta cubrir toda la pasta,
añada pedazos de pasta sobre la carne (siempre cubriendo
la mezcla que ha vertido), agregue queso riccotta, cubra
con pedazos de pasta hervida, agregue queso mozzarella
partidos en tajadas finas, cubra con pasta, agregue carne
si le ha sobrado y cubra con pasta. Cubra la pasta con
salsa italiana, cúbrala con papel aluminio y lleve al horno

por unos 25 minutos; luego retire el papel de aluminio y polvoree queso parmesano y llévelo al horno una vez más por unos 10 minutos hasta que dore un poco.

Sirva con pan de ajo u otro plato de su selección.

LOS GUISADOS

Son muy necesarios para toda ocasión.

Los Guisados

Los guisados pueden ser de carne roja (no la uso a menudo), aves, vegetales o mariscos.

Aquí menciono algunos que preparo personalmente:

1. Carne guisada
2. Pollo guisado con papas
3. Pollo guisado con vegetales
4. Pollo con jugo de uvas
5. Pollo con jugo de naranja
6. Fricase de pollo
7. Bacalao guisado (lo considero familia del marisco)
8. Habichuelas guisadas (de toda clase)incluyendo los gandules verdes y secos

Veamos…

Carne Guisada

1 libras de carne de res cortada en pedazos pequeños
2 charadas de sofrito
1 cucharada de aceite de maíz o vegetal
1 pote de aceitunas rellenas
3 papas moradas partidas en cuatro pedazos (sin la piel)
1 sobre de sazón con achiote
sal de mar a gusto
5 tazas de agua hirviendo
1 zanahoria pelada de su piel y partida en ruedas
1 taza de salsa italiana con sabor a carne

Método de preparación:

En un caldero después de lavarla, ponga a hervir la carne hasta que ablande; luego en otro caldero agregue el aceite, sofrito, aceitunas, sazón, salsa y haga un sofrito. Siga removiendo y agregue la carne sola sin el agua (reserve el agua) y remueva, agregue las zanahorias y papas y remueva. Luego vierta el agua que ha reservado (tendrá sabor a carne)! Sazone con la sal de mar a gusto. Tape y deje hervir hasta que la carne, papas y zanahorias estén tiernas. Si necesita un poco mas de agua agréguela.

*Sirva con arroz de su gusto o plato favorito.

Pollo Guisado con Papas

1 libras de pollo kosher u orgánico del vivero en pedazos
1 el jugo de un limón o naranja agria
1 pote de alcaparrado con aceitunas rellenas
1 cucharada de sofrito
1 sobre de sazón con achiote
2 cucharadas de adobo
2 cucharadas de aceite de maíz o vegetal
sal (sal de mar)a gusto
3 papas rojas de tamaño mediano picadas en cuatro pedazos
3 cucharadas de salsa
5 tazas de agua hervida
1 taza de vinagre de vino

Método de preparación:

Lave el pollo primeramente con agua, escurra y lave una vez más con el jugo de limón o naranja agria. Mezcle el adobo y vinagre, luego adobe (sazone) el pollo dándole pequeños tajitos para que el adobo se introduzca y reserve (es mucho mejor si lo adoba el día anterior o por unas tres horas). En una cazuela ponga las dos cucharadas de aceite a calentar. Poco a poco vierta las piezas de pollo como si fuera a freírlas, revolviéndolas hasta que queden bien cocidas sin sangre o cruda. Si observa exceso de grasa remuévala (puede que el pollo despida grasa a su vez). Saque el pollo de la cazuela y reserve unos minutos mientras añade la salsa, sazón, sofrito y alcaparrado, sofría. Regrese el pollo a la cazuela con el sofrito, revuelva, añada las papas y el agua hervida. Pruebe de sal y agregue sal si es necesario. Recuerde que el pollo tiene sal y la sal de mar es más salada que la regular. Tape y déjelo hervir hasta que espese y las papas estén cocidas.

*Sirva con su plato favorito.

Pollo con Jugo de Naranja

1 pollo cortado
5 tazas de jugo de naranja natural (no concentrado)
2 cucharadas de adobo
¼ taza de vinagre de manzana
sal de mar a gusto
3 cucharadas de salsa italiana
3 papas moradas peladas y cortadas en cuatro pedazos
2 cucharadas de aceite de maíz o vegetal
1 sobre de sazón con achiote
1 pote de aceitunas rellenas
El jugo de dos limones o una naranja agria
1 cucharada de sofrito

Método de preparación:

Siga el mismo método de preparación **del pollo guisado con papas**, la única diferencia es que en vez de agregarle agua, agregue 5 tazas de jugo de naranja.

Fricase de Pollo

1 pollo cortado de las libras de su selección
3 cucharada de aceite de maíz o vegetal
¼ taza de vinagre de vino
¼ taza de vino rojo
1 pote pequeño de aceitunas rellenas
1 sobre de sazón con achiote
2 zanahorias picadas en ruedas (opcional)
3 cucharadas de salsa estilo italiano
sal de mar a gusto
2 cucharaditas de adobo
3 papas moradas peladas y partidas a mitad
Una pizca de orégano
El jugo de una naranja agria
Agua de la llave o destilada (para lavar el pollo)

Método de preparación:

Después de haber lavado el pollo con agua y naranja agria, adóbelo con una mezcla de adobo, vinagre y orégano, reserve por unos diez minutos. En una cazuela ponga el aceite a calentar, sofría el pollo hasta que esté dorado sin sangre o crudo vuelva y reserve. Luego en la misma cazuela agregue el sofrito, sazón, aceitunas y salsa, haga un sofrito revolviendo constantemente. Agregue el pollo, papas, zanahorias (revuelva), agregue el vino y el caldo sobrante del adobo; tape a fuego bajo por unos 25 minutos o hasta cuando las papas estén cocidas y la salsa empiece a espesar.

Nota: La diferencia de esta forma de guisado es que se prepara en sus propios jugos. El fuego bajo le ayudara a preservar los jugos mientras los ingredientes mayores se cuecen.

*Sirva con su plato favorito; pero con arroz sabe delicioso!

Bacalao Guisado

1 cucharadas de sofrito
sal de mar a gusto (opcional-el bacalao puede que le quede
  sobre la sal)
1 sobre de sazón con achiote
1 cebolla blanca picadita
6 tomates bien maduros de cocinar picaditos (opcional)
2 libras de filete de bacalao (no espinas)
2 cucharadas de aceite de oliva
½ cucharadita de pimienta negra
1pote de aceitunas rellenas
1 taza de salsa italiana con sabor a carne
Media cacerola de agua
3 tazas de agua adicional

Método de preparación:

Ponga a hervir el bacalao; en otra cazuela agregue aceite
y caliente a término medio sin quemar, luego agregue el
sofrito, sazón, pimienta negra, tomates, aceitunas, cebolla,
salsa y sal sin dejar de revolver. Cambie el agua del bacalao
y vuelva a hervir. Cuando el bacalao esté listo desbarátelo
con las manos. Luego agregue el bacalao a la mezcla de
sofrito y continúe revolviendo por unos diez minutos.
Luego añada las tres tazas de agua. Sazone con sal a gusto.

*Es mucho mejor que le quede soso para que lo sazone a
gusto; procure con no quede salado porque perderá el sabor
de bacalao guisado exquisito.

*Yo lo prefiero con arroz blanco o surullitos de maíz.

Habichuelas Guisadas (de cualquier clase)

1 libra de habichuelas cocidas o de lata sin el agua de lata
½ libra de jamón de cocinar con hueso lavado y picadito
2 papas a peladas y picadas en cuadros de su preferencia
2 cucharadas de aceite
½ cebolla blanca picadita
1 pimiento verde de cocinar limpio sin semillas (dele unos tajitos)
1 sobre de sazón con achiote
2 cucharas de sofrito
1 diente de ajo bien machacado (que quede cremoso)
sal de mar a gusto
1 taza de salsa italiana con sabor a carne

Método de preparación:

Reserve el agua de las habichuelas cocidas. Ponga el aceite a calentar a término medio agregando el jamón y freír bien sin quemar. Luego añada el sazón, sofrito, ajo, cebolla y salsa, continúe revolviendo. Añada las habichuelas, las papas, pimiento verde y el agua en la cual las hirvió midiendo el agua que no vierta de más o de menos. Tape y deje hervir hasta que espesen y la papa este tierna. Saque el pimiento y deseche; no debe notar la cebolla debe estar como parte de la salsa.

*Sirva con arroz de su preferencia u otro plato.

Pollo Guisado con Jugo de Uvas

1 pollo cortado (de las libras a su gusto)
5 tazas de jugo de uvas natural (no concentrado o cocktail)
2 cucharadas de adobo
½ taza de vinagre de vino
sal de mar a gusto
3 cucharadas de salsa italiana
3 papas moradas peladas y cortadas en cuatro pedazos
2 cucharadas de aceite de maíz o vegetal
1 sobre de sazón con achiote
1 pote de aceitunas rellenas
1 cucharada de sofrito
El jugo de dos limones o una naranja agria

Método de preparación:

*Siga el mismo método de preparación del pollo guisado con papas, la única diferencia es que en vez de utilizar agua, agregue el jugo de uvas.

*Sirva con arroz o su plato favorito.

Pollo Guisado con Vegetales

1 pollo de las libras que desee cortado en presas pequeñas
5 tazas de agua
2 cucharadas de adobo
1 paquete de vegétales mixtos congelados (si desea puede
  escogerlos frescos, cortaditos en pedazos pequeños)
sal de mar a gusto
3 cucharadas de salsa italiana con sabor a carne
1 cucharada de sofrito
1 pote de aceitunas rellenas
El jugo de dos limones o una naranja agria
1 sobre de sazón con achiote
2 cucharadas de aceite de maíz o vegetal
½ taza de vinagre de manzana

Método de preparación:

Después de lavar el pollo con agua y luego con el jugo de limón o naranja agria, haga una mezcla con el vinagre de manzana con el adobo y sazónelo. Asegúrese siempre que cuando adobe la mezcla se introduzca en lo que este adobando.; esto le dará un sabor único, tape y reserve. Después de unos diez minutos en un caldero mezcle el aceite y sofría bien el pollo hasta que no tenga nada de sangre o carne cruda; remueva el pollo y reserve; en el mismo caldero agregue la salsa, el sazón, el sofrito y aceitunas, continúe sofriendo; ahora puede agregar los vegetales bien escurridos y revuelva sofriendo con cuidado de no quemar! Por último agregue el pollo, revuelva bien. Agregue el agua, sazone de sal a gusto, tape y deje hervir hasta que los vegetales estén tiernos y la salsa espesa.

*Sirva con su plato favorito.

"EMPIEZA POR HACER LO QUE ES
NECESARIO; LUEGO HAS LO POSIBLE; E
INESPERADAMENTE ESTAS HACIENDO
LO IMPOSIBLE."

Francis de Assisi

LOS ESCABECHES

No tienen que ser solo de pescado; deje correr su creatividad y use varios ingredientes y variaciones.

Los Escabeches de Mi Selección

Guineítos Verdes en Escabeche

1 libra de guineos verdes
sal de mar al gusto
4 dientes de ajos machacados
Vinagre de vino al gusto
1 ½ cucharada de aceite de oliva
1 pote de aceitunas rellenas
½ cucharada de pimienta negra molida
2 cebollas (cortadas en rebanadas)
2 cucharadas de leche entera
½ caldero de agua
2 tomates (opcional)

Método de preparación:

Ponga a hervir el caldero con el agua; corte los extremos de los guineos y dele una cortadura diagonal y luego los parte en mitad; si desea los puede pelar o echarlos al agua hirviendo en su cascara. Agregue la leche al agua y sal al gusto. De esa manera vierta todos los guineos y ponga a hervir hasta que estén cocidos. Usted notara que la cascara se desprenderá el cual es buena señal que están cocidos. También notara que los guineos toman un color claro sin mancha, esta ha sido la razón de añadir la leche. En otro caldero agregue el resto de los ingredientes (si desea puede agregar 2 tomates cortaditos). Ponga a coser todos los ingredientes a fuego lento, añadiendo al final los guineítos cortados en ruedas o trocitos.

Retire del fuego y deje enfriar un poco; sirva con su plato favorito. No olvide de probar de sal.

Pescado en Escabeche

1½ de pescado sierra (córtelos en ruedas después de limpiarlo)
1 taza de aceite de oliva
¼ taza de aceite de maíz
10 granos de pimienta negras
3 hojas de laurel
½ taza de vinagre de vino o manzana
1 libra de cebollas moradas o blancas en rebanadas
7 dientes de ajos machacados
4 onzas de pimientos morrones
1 cucharada de sal de mar
1 pote de aceitunas rellenas
1 taza de harina blanca
2 naranjas agrias (saque el jugo)

Método de preparación:

En un caldero después de haber limpiado el pescado, partido en ruedas y pasarlo por el jugo de la naranja agria, ponga a calentar el aceite de maíz. Con sus manos cubra las tajadas de pescado con harina de trigo y póngalas a freír hasta que queden bien doradas. En otro caldero mezcle el resto de los ingredientes y ponga a hervir por unos 30 minutos y deje enfriar un poco.

Nota: Por lo general este plato se disfruta a temperatura no muy caliente o frio.

Sírvalo con su plato favorito; yo lo disfruto con una yuca hervida u otra verdura de mi preferencia.

LAS FRITURAS Y LOS ANTOJITOS

Ambas son una delicia para el paladar más exigente. Puede servirlos como aperitivo o con cualquier plato.

Las Frituras

Aquí comparto algunas de mis favoritas que son fácil de hacer y muy tradicionales.

1. Surullitos de maíz
2. Empanadas de ucca
3. Bacalaítos
4. Jibaritos envueltos
5. Mofongo

Surullitos de Maíz

1/14 taza de harina de maíz
1 cucharadita de sal de mar
1 cucharada de azúcar
2 tazas de agua hervida
1 taza de queso de bola rallado (opcional)
Aceite de maíz o vegetal para freír

Método de preparación:

En el agua bien hervida agregue la sal, la azúcar con la harina y revuelva hasta que forme una bola; añada el queso y continúe revolviendo. Cubra la masa por algunos minutos. Luego coja una cucharada de masa y póngala en su mano y ruédelo hasta hacer un surullo y viértalo en aceite bien caliente para freírlos.

*Puede servirlos con bacalao guisado, arroz blanco u otro plato favorito.

Empanadas de Yuca

Para la masa:

6 libras de yuca en masa ya preparada (**si la prefiere preparada**)
1 taza de aceite de achiote (preparada)
1 sobre de sazón con cilantro y achiote
sal de mar a gusto

Relleno:

1 libras de carne de res, pollo o pavo
½ taza de sofrito preparado o hacerlo a su gusto
1 taza de salsa de tomate italiana
1 taza de aceitunas rellenas en pedacitos

Para envoltura:

Hojas de plátano (cortadas en 5x5 pulgadas)
*Si desea puede usar papel de aluminio

Método de preparación:

Mezcle la masa dándole color con el achiote y sazonándole a gusto con la sal. Luego sofría la carne hasta que esté bien cocida, agregándole la salsa y aceitunas dejándole hervir hasta que este mucho mas cocida.

Ponga el horno a calentar a 350 grados; luego prepare las hojas amortiguándolas en fuego o calor de la hornilla. Engrase cada hoja y ponga algo de la masa esparciéndola para que luego pueda agregar un poco de relleno, envolviendo luego una parte y la otra hasta cubrir la empanada. Ponga en el horno. También puede hacerlo al aire libre en aparatos de BBQ. Puede usar el papel de aluminio si desea. Estarán listas cuando la masa se torne color amarillo y las hojas se sequen.

Bacalaítos

1 ¼ libra de bacalao de filete
¾ taza de harina blanca para todo uso
½ cucharadita de polvo de hornear
½ cucharadita de sal de mar a gusto
2 cucharadas de ajos majados a punto de puree
1 cucharada de pimienta negra
3 ¼ tazas del agua que hirvió el bacalao
Aceite para freír
2 cucharadas de achiote liquido (para darle color a la mezcla)

Método de preparación:

Lave el bacalao ligeramente y ponga a hervir en una cazuela. Una vez que note que el bacalao está un poco tierno, retire del fuego, remuévalo del agua y reserve el agua. En un envase para uso de mezcla, añada todos los ingredientes incluyendo el agua que ha reservado y el bacalao bien desmenuzado con las manos.

Pruebe de sal antes de agregar sal adicional, ya que el bacalao y el agua tienen sal. Revuelva hasta formar una mezcla suave y movible. En una sartén ponga el aceite a calentar. Una vez caliente con un cucharon amplio tome de la mezcla y ponga a freír sin importar la forma que tomen. Estarán listos al tornarse dorados.

*Puede servir solos como antojitos o con su plato favorito.

Jibaritos Envueltos

8 guineítos enanos y maduros
2 tazas de harina de trigo blanca para todo uso
1 taza de agua
½ cucharada de sal de mar iodizada
Aceite para freír

Método de preparación:

Remueva la piel de los guineítos y reserve. En un envase para mezcla añada la harina, agua y sal y mezcle bien hasta formar una mezcla consistente. Luego sumerja los guineítos a la mezcla. En un sartén ponga a calentar el aceite; una vez caliente, uno a uno vierta los guineítos en el aceite para freír hasta que se tornen dorados.

*Este plato es bien acompañado arroz y habichuelas guisadas; puede llevarlos a la mesa con otros platos de su selección.

Mofongo

4 plátanos verdes
3 dientes de ajos machacados
1 taza de tocineta, jamón, chicharon de pollo o tocino frito
Aceite para freír
Sal de mar a gusto
3 tazas de agua

Método de preparación:

Remueva la piel de los plátanos, córtelos en trozos pequeños y ponga en agua con sal y reserve. Seleccione la carne que va a utilizar (por ejemplo jamón, pollo, tocino o tocineta) Una vez que lo seleccione fríalos bien en un poquito de aceite con el ajo machacado y reserve en el mismo sartén. En otra sartén fría los plátanos.

En un pilón (preferible de madera) empiece a majar los plátanos fritos, mientras los maja agregue la carne que ha frito y continúe majando. Obtendrá una bola con la masa y servirá caliente solo, con sopas, ensalada u otro plato de su selección.

Los pilones de madera son de mi preferencia ya que retienen el aroma del ajo y otras especies, especialmente si se ha utilizado con el propósito de majar los mismos.

*Puede servirlos solo.

Antojitos para toda Ocasión

Huevos en Vinagre

1 docena de huevos hervidos y pelados
½ galón de vinagre de manzana (16 onzas)
8 granos de pimienta entera
6 dientes de ajos enteros

Método de preparación:

En un envase de cristal de boca ancha con tapa, vierta los huevos cocidos, el vinagre, pimienta y ajos. Cúbralo y déjelo como aperitivo fuera de la nevera.

Patas de Cerdo Cocidas en Vinagre

8 pedazos de patas de cerdo en sal cocidas
8 granos de pimienta
6 dientes de ajo enteros
½ galón (16 onzas) de vinagre de manzana
4 cebollas miniatura
4 ajíes rojos (opcional)

Método de preparación:

Del mismo tamaño del envase de los huevos en vinagre, prepare uno para las patas de cerdo. Vierta las patas en el envase, el vinagre, cebollas, ajíes y granos de pimienta. Luego tápelo y reserve para cualquier ocasión fuera de la nevera.

Pan de Ajo

1 barra de mantequilla suave
10 dientes de ajo machacados al pilón en puree
½ cucharadita de sal de mar
1 pan italiano o francés partido a lo largo
Papel aluminio

Método de preparación:

Ponga a calentar el horno a unos 150 grados. En un envase vierta la mantequilla, puree de ajo y sal; mezcle bien estos ingredientes y ponga sobre el pan o si prefiere en rebanadas. En vuelva el pan entero en el papel de aluminio o si prefiere deje las rebanadas sin envolver, las que ya ha colocado sobre un molde. Lleve al horno por unos cinco minutos.

Puede servir con pastas, solo u su plato de preferencia.

FILETE MIÑÓN, CHULETA, SALCOCHO, PAELLA Y PASTELONES

Son como platos de gala para esa ocasión especial. Se los he preparado fácil de hacer en su cocina.

Filete Miñón

Miñón es una palabra francesa la cual significa atractivo o bonito; este filete se puede hacer al horno, parrilla o a la sartén. La misma no tiene huesos; al escogerla procure que sea firme y húmeda en vez de mojada. Sus esquinas deben ser parejas. Veamos...

6 pedazos de carne para filete cortados de 1 ½ de grueso cada uno
1 cucharadita de pimienta negra bien molida
1 cucharada de mantequilla
1 cucharada de sal de mar iodizada
2 dientes de ajos majados
8 cucharaditas de azúcar morena clara
6 tiras de tocineta o Virginia ham (jamón)

Método de preparación:

Lave los pedazos de filete rápidamente, sazónelos con sal, ajo y pimienta luego reserve. En una sartén amplia ponga a derretir la mantequilla a fuego lento sin dejar quemar. Sumerja los filetes en la azúcar vertiéndolos de cada lado; luego viértalos en la sartén y dórelos de lado a lado en la mantequilla. Usted decidirá si los desea bien cosidos o término medio y reserve. Ponga a dorar/amortiguar las tiras de tocineta o jamón. Luego en cada trozo de filete envuelva la tocineta/jamón alrededor sujetándolos a la carne con palillos de diente. Llévelos al horno por unos minutos de su preferencia o dórelos una vez más en la sartén.

De no preferir el horno puede seguir cocinándolos a la sartén, friendo la tocineta y luego envolviéndolos en los mismos.

*Puede servirlos con alguna salsa sobre ellos, acompañándolos con puree de papas o su plato de preferencia.

* Yo lo consumo muy rara vez, ya que no consumo gran cantidad de carne roja; pero confieso que es muy delicioso a mi paladar.

Chuletas en Salsa, Maíz y Queso

6 chuletas de tamaño medianas sin mucha grasa (buen corte)
1 pote de salsa italiana con sabor a carne
1 pote de queso parmesano pequeño
Aceite vegetal o mantequilla
1 limón o naranja agria
Una lata de maíz en grano mediana

Método de preparación:

Lave las chuletas en agua y luego con limón o naranja
agria. Ponga el horno a calentar a 350 grados. En un molde
cuadrado engrase con mantequilla o aceite. Luego vierta
una parte de salsa en el fondo del molde cubriéndolo con
queso parmesano. Coloque las chuletas, cúbralas con salsa,
maíz y al final el queso. Luego llévelas al horno por unos
30 minutos, volteándolas de vez en cuando hasta que estén
doraditas.

*Note que no las he sazonado ya que el queso es salado
pero si desea puede adobarlas un poco con su condimento
favorito.

Sírvalas con su plato favorito.

Salcocho

1 libra de carne de res para guisar cortada en pedacitos y
bien sofrita en una cucharada de aceite.
6 tazas de agua hervida
1 cebolla picadita
sal de mar a gusto
2 cucharadas de sofrito
3 cucharadas de salsa italiana con sabor a carne
1 sobre de sazón con cilantro y achiote
1 plátano verde picado en cuatro pedazos
3 papas moradas peladas y cortadas en cuatro pedazos cada
una
1/3 de calabaza cortada en pedazos
2 pedazos de yautía de cualquier clase pelada y cortada
2 cucharadas de aceite de oliva (dividida)
2 mazorcas de maíz cortada en ruedas

Método de preparación:

Después de haber lavado bien la carne y haberla sofrito
bien, en una cazuela ponga a hervir la carne en el agua
hirviendo. Después de 20 minutos lave los víveres ya
picados y añádalos a la carne; mientras hierve, en una
sartén ponga el parte del aceite a calentar a fuego mediano
añadiéndole la cebolla, sofrito, salsa, sazón y sofría.
Agregue lo sofreído a la carne y vianda hirviendo. Estará
listo cuando todos los ingredientes estén tiernos y con un
poco de espesor (unos 20 minutos más).

*Sirva con arroz, solo o su plato favorito.

Paella

La paella es un plato de arroz que podríamos llamarle para el mundo entero originado en Valencia España. Este plato se puede cocinar en diferentes variedades. Pude disfrutar de este plato en Madrid en una cena a las 8:00 PM.

1 libra de arroz (grano redondo)
1 taza de cebolla picadita
Aceite de oliva
2 dientes de ajos majados
4 muslos de pollo cortados en dos o tres pedazos
¼ de pimienta molida reservada en porciones
3 ¼ sal de mar reservada en porciones
8 onzas de chorizo en rebanadas
2 cucharadas de cilantro picado
2 ½ cucharadas de pimientos rojos morrones picados
½ cucharada de azafrán
18 camarones grandes y limpios
½ taza de petit-pois congelados
1 taza de caldo de pollo (puede utilizar un cubito)
16 mejillones o almejas limpios bien cepillados para
    eliminar el sucio
¼ taza de agua
2/3 taza de vino de cocinar
¾ libras de camarones grandes bien limpios
1 cucharadita de paprika

Método de preparación:

En una sartén de paella (12 pulgadas) caliente el aceite. Adobe un poco las presas de pollo y póngalas a freír luego reserve. Añada páprika, camarones y ¼ de la sal, pimienta sofría y reserve. Agregue el chorizo y cocine moviéndolo por dos minutos y reserve. Luego re-integre las presas de pollo, sal y pimienta y cocínelos hasta que el pollo este un poco obscuro; luego añada la cebolla, cilantro ajos y azafrán y continúe cocinándolos por dos minutos; lave el arroz y viértalo agregando el vino y caldo hasta que empiece a hervir y el arroz se cueza, luego tápelo. Después de unos minutos vierta la mezcla y añada los camarones, petit-pois, pimientos morrones, mejillones o almejas y ¼ de agua. Cuando el arroz esté cocido el plato está listo. Puede llevarlo a la mesa en el mismo sartén hondo que lo cocinó u otro envase.

*Puede servirlo solo.

Nota: Puede usar otras carnes y presas de pollo.

Los Pastelones de Mi Preferencia

Pastelón de plátanos maduros y carne
Pastelón de puree de papas y carne
Pastelón de papas fritas y carne
Pastelón de calabaza y carne
Pastelón de batata dulce y carne

NOTA: Después del primer pastelón de carne, notaran que les sugeriré seguir el mismo patrón con los otros pastelones, ya que solo difieren de la clase de pastel y no la carne. Recuerde que todos los pastelones llevan huevo batido el cual sostiene el pastelón firme para que pueda partirlo en pedazos y servirlo si así lo desea. Puede también servirlo en porciones en cucharadas. Yo prefiero partirlo en cuadros pequeños para que las personas se sirvan a su gusto.

Pastelón de plátanos maduros y carne

Recuerdo que cuando mi hijo estaba en el grado elementar fui invitada a llevar un plato igual a la de otras madres. Yo decidí llevar el **pastelón de carne** y gane el primer premio. Desde entonces es muy popular cuando lo presento en actividades de grupo.

1 libras de carne de res molida ligeramente lavada
1 sobre de sazón con achiote
1 cucharada de sofrito
2 ajos bien machacados en puree
1 cebolla pequeña picadita
1 cucharadita de aceite de oliva
1 pote de salsa italiana con sabor a carne
Aceite vegetal para freír
1 pote pequeño de aceitunas rellenas
1 pote de habichuelas tiernas de corte francés
6 huevos batidos (3 para la primera tapa y 3 para la
    cubierta final sazonados con una pizca de sal)
Una cucharadita de sal de mar
8 plátanos maduros
1 cucharadita de margarina/selección a gusto

Método de preparación:

Pele los plátanos, parta en mitad y corte en forma alargada; sazónelos de sal (no muy salados). En aceita caliente ponga a freír, vertiendo poco a poco ya que se doraran rápidamente; ponga a escurrir y reserve. En una cazuela ponga a sofreír la sazón, aceitunas, sofrito, sal, habichuelas tiernas, ajos y cebolla; luego añada la carne, revuelva bien hasta que quede sin sangre bien cocida. Agregue la salsa y una bien dejándola hervir por unos 5 minutos y reserve.

En un molde mediano preferiblemente cuadrado, engrase con la margarina y vierta 3 de los huevos batidos. Luego coloque las tajadas de plátano en línea hasta cubrir el molde (parta los mismos si es necesario para cubrir bien el fondo). Puede usar los dedos para majar algunos si es necesario. Agregue toda la carne y espárzala bien. Una vez más cubra con los plátanos restantes. Cubra con los 3 huevos batidos. Si necesita cubrir mas área puede batir un huevo adicional.

Lleve al horno a 350 grados por unos 30 minutos. Cerciórese que al final el huevo esté bien cocido adherido a las tajadas de plátano.

Puede servir con su plato favorito.

Pastelón de Papas Fritas

1 libra de papas fritas en casa o ya preparadas de venta en el mercado (las prefiero de corte alargado como las que se cortan en casa)

Aceite para freír si las prepara en casa (si las ha comprado en el mercado caliéntelas en el horno por unos 5 minutos ya que solo están pre-cocidas).

1 libra de carne molida
6 huevos batidos con una pizca de sal (3 para el inicio y 3 para el final)

*(siga todos los pasos de la receta del pastelón de plátanos maduros con carne)

No necesita las habichuelas tiernas de corte francés.

Pastelón de Calabaza

1 libras de calabaza hervidas y bien majadas
1 libra de carne molida
6 huevos con una pizca de sal (3 para el inicio y 3 para el final)

Una vez más la sal para sazonar la carne, calabaza y huevos a gusto

***Siga los pasos de los pastelones anteriores y si desea omita las habichuelas tiernas.**

Pastelón de Batata Dulce

1 libras de batata dulce hervidas/salcochadas y bien majadas
1 libra de carne molida
6 huevos batidos con una pizca de sal (3 huevos para el inicio y 3 huevos para el final).

Una vez más recuerde la sal para sazonar la carne, huevos y batatas a gusto es muy necesaria.

*Siga los pasos de los pastelones anteriores y si desea omita las habichuelas tiernas.

Pastelón de Puree de Papa

3 libras de papas hervidas/salcochadas y majadas a punto
de puree
(puede localizar las papas ya preparadas en el mercado si
así lo prefiere).
6 huevos batidos sazonados con una pizca de sal (3 huevos
para el inicio y 3 huevos para el final).
1 libra de carne molida

**Una vez más la sal es para sazonar las papas, huevos y
carne a gusto**

***Siga los pasos de los pastelones anteriores y si desea
omita las habichuelas tiernas.**

Siempre recuerde que el cocinar es un arte y como arte
usted puede variar sus menús por ejemplo; con estos
pastelones usted en vez de carne de res molida puede
hacerlos con pollo guisado con su salsa bien espesa y
desmenuzado (o sea sin huesos) O puede comprar la carne
de pollo de filete o pechuga, guisarla y desmenuzarla.
También puede substituir las carnes por vegetales frescos o
congelados bien guisados en una salsa que le quede espesa.

Pasteles en Hojas

Admito que son un poco difíciles, pero puede hacerlos en dos días con mucha calma; sin embargo me los han pedido y sé que los disfrutaran a la vez impresionando a sus amistades.

Pasteles en Hoja (Estilo puertorriqueño)

La masa:

1 libras de guineos verdes
1 libra de yuca blanca (o 3 bolsas ya preparada)
¼ libra de calabaza
Sal de mar a gusto
¼ taza de aceite de achiote (o un pote de aceite ya preparado)

El relleno:

1 libras de carne de res cortada en pedacitos (limpie la carne)
2 cajas de pasas (opcional)
1 libra de jamón de cocinar cortado en pedacitos
3 cucharadas de sofrito
4 cucharadas de aceite de oliva
1 lata de pimientos morrones cortados en pedacitos
1 pote de salsa italiana
1 taza de agua

Envoltura para el pastel:

Papel pergamino u hojas de plátanos (las puede conseguir en el mercado)

Hilo de cocinar (de venta en el mercado)

Nota: Usted debe de tener suficiente tiempo para hacer este plato; puede hacer la carne y los otros ingredientes y reservarlos para otro día. También puede usar pollo o pavo en vez de carne roja.

Método de preparación:

Pele y luego guaye los guineos, calabaza y yuca (puede encontrarla preparada en el mercado), haga una masa y agregue sal a gusto y achiote liquido para darle color, reserve. Después de lavada la carne y cortada, vierta aceite y sofría en un caldero con el jamón hasta que quede bien cocida, luego agregue el sazón, sofrito, aceitunas y salsa, continúe revolviendo, luego agregue los pimientos morrones, pasas y el agua, reserve. Agregue sal al gusto y recuerde que la masa también tiene sal para que no le quede salada. Deje que hierva como si estuviera haciendo un guisado y deje secar un poco.

Una vez que haya seleccionado las hojas, el papel o ambas, parte las hojas de manera que puedas envolver la masa (12 pedazos de hojas para 1 docena de pasteles). Limpie las hojas ya partidas y páselas por el calor de la estufa para que se amortigüen. Luego tome un pedazo de hoja y pásele un poco de aceite de achiote, ponga cuatro cucharadas de masa y sobre la masa dos cucharadas de carne. Tome el extremo de la hoja y doble hasta la mitad y doble el otro extremo hasta que quede cubierto. Si desea envuélvalos pasteles de dos en dos, procurando que la parte de afuera quede hacia adentro; amárrelos como si estuviera enviando un paquete por correo.

En un caldero ponga a hervir agua con un poco de sal, luego vierta los pasteles por unos 45 minutos. Puede llevar al refrigerador si desea la mitad de los pasteles para otra ocasión.

Sirva solo, con arroz o su plato de preferencia.

LAS ENSALADAS

Las ensaladas son platos que usted puede variar con los ingredientes que desee; además son muy fáciles de preparar, un ejemplo es la salada verde que solo necesita aceite y vinagre al final. Aquí comparto la ensalada de Yolie y alguna otra.

La Ensalada de Yolie

1 cabeza de lechuga cortada en pedacitos
1 pote de aceitunas negras rellenas
1 lata de garbanzos
1 lata de remolacha
1 lata de vegetales mixtos
1 tomate picado
1 lata de petit-pois
1 lata de ensalada de fruta mediana (remueva el sirope)
(opcional)

Método de preparación:

En un envase amplio para ensalada, mezcle todos los
ingredientes revuélvalos hasta unirlos.

*Puede servir con el aderezo de su preferencia.

Sírvalo con su plato favorito.

Ensalada de Papas

¼ taza de aceite de olive
2 libras de papas rojas o blancas salcochadas en una
    cucharadita de sal
2 manzanas rojas, verdes o amarillas
3 huevos salcochados
1 cucharada de mantequilla (obsional)
3 cucharadas de mayonesa
½ taza de leche entera (obsional)
1 cucharadita de sal de mar iodizada

Método de preparación:

Corte las papas en cuadros de su tamaño favorito pero no muy grande. Añada los huevos cortados en cuadros. Corte la manzana y sáquele la pulpa dejando la piel la cual dará un color decorativo a la ensalada si así lo prefiere. La manzana le dará un sabor que yo le llamo de sorpresa. Añada la mantequilla, mayonesa y sal polvoreándola para que se distribuya bien.

*Puede servir con asados o su plato favorito.

Los Aderezos

Los aderezos se pueden preparar con diferentes sabores de frutas naturales. Aquí te presentare un aderezo y luego puedes preparar otros solo cambiándole el sabor de la fruta.

Aderezo de Tamarindo

1 cucharadas de pulpa de tamarindo u otras frutas de su preferencia (por ejemplo piña, naranja, guayaba, limón, toronja, fresas, cherry) Solo seleccione una fruta para cada aderezo si así lo desea.

1 ½ cucharadas de miel
½ taza de vinagre de guayaba
Sal y pimienta a gusto
1 ½ taza de aceite de oliva
Agua fría

Método de prepararlo:

En un envase para mezcla añada la pulpa de tamarindo, el vinagre, la miel, la sal y pimienta; concluya con el aceite y un poco de agua (mezclándolo todo). Puede aumentar la cantidad de ingredientes dependiendo de lo que va a utilizar.

Nota: Puedes prepara aderezos con los sabores y frutas de tu selección. Por ejemplo, uvas, piña, melocotón, naranja, blueberries o limón. Además puedes variar los ingredientes a tu gusto.

"IMPOSIBLE ES UNA PALABRA
ENCONTRADA EN EL DICCIONARIO
DE LOS TONTOS."

Napoleon Bonaparte

LOS DULCES, HELADOS, GELATO, LIMBER, BIZCOCHO Y POSTRES

Son mis favoritos desde la niñez; actualmente los disfruto en toda ocasión.

Los Dulces o Postres para toda Ocasión

Estos dulces puede servirlos después de la cena o en cualquier momento.

Dulce de Habichuelas
(con permiso de la Sra. Orfelina M. de Suarez)

1libra de habichuelas rojas blanditas
1 lata de leche de coco (preparada o hecha en casa)
Sal de mar al gusto
3 cajitas de pasas marrón obscuro
1 lata de leche evaporada
1 batata picadita hervida
2 astillas de canela
2 cucharadas de mantequilla (opcional)
Azúcar al gusto
2 cucharadas de vainilla
Un paquete de galleticas cien en boca

Método de preparación:

En una licuadora mezcle las habichuelas cocidas en la misma agua que las hirvió. Si desea puede colarlas. Luego agregue los demás ingredientes poco a poco moviendo lentamente. Deje que hierva a fuego lento agregando las pasas y batatas. Si ha elegido la mantequilla puede agregarla; sirva con galleticas cien en boca.

Arroz con Leche

(con permiso de la Sra. Orfelina M. de Suarez)

1½ taza de agua
½ taza de arroz
1 taza de azúcar
¼ cucharadita de sal de mar
1 cascara de limón
canela en polvo
1 litro de leche tibia
1 cucharadita de vainilla pura
3 astillas de canela

Método de preparación:

Después de haber lavado el arroz, en una olla póngalo en su agua a hervir a fuego lento con la cascara de limón; no deje secar mucho, luego agregue las astillas de canela, azúcar, sal y continúe moviendo para que no se pegue, ahúme o queme. Al final agregue la vainilla y mueva hasta que espese.

Sírvalo y polvoree la canela por encima (si es de su gusto).

Dulce de Plátano Maduro

3 plátanos maduros (tornados a color negro/bien maduros)
½ taza de aceite vegetal
½ taza de azúcar morena
2 astillas de canela
8 clavos dulces
sal de mar a gusto
1 ½ de agua

Método de preparación:

Pele los plátanos y pártalos en tres partes cada uno. Ponga el aceite a calentar y con la mano pásele un poco de sal y viértalos para freír. En una cazuela ponga a hervir el agua con la canela y clavos dulces. Una vez los plátanos estén bien dorados (fritos) viértalos en el agua y agregue la azúcar dejándolos espesar. Pruebe de sal y azúcar a gusto.

Sírvalos fríos o calientes; puede reservar para otro día en la refrigeradora. Puede dejar la canela y clavos con la mezcla.

Arroz con Dulce

Este postre se acostumbra a preparar en Puerto Rico para la época navideña. Yo por lo general lo preparo en cualquier época del año.

1 libra de arroz redondo
1 lata de leche de coco
1 paquete de azúcar morena
1 frasco de clavos dulces
1 lata de leche condensada
1 lata de leche evaporada sin diluir
2 cajas de pasas morenas
Un pedazo de jengibre (dele un golpe para que abra un
    poco)
1 cucharada de sal de mar
2 litros de agua
6 pedazos de canela dura (astillas gruesas)
Galletas de soda en polvo

Método de preparación:

En un envase ponga a remojar en agua el arroz por unos cinco minutos. En una cazuela cómoda ponga a hervir los dos litros de agua; una vez a punto de hervir añada la canela, clavos y jengibre. Déjelo hervir hasta que el agua se torne un poco obscura y pueda percibir el olor de las especies; luego remueva los clavos, jengibre y canela (puede colarlos o usar un cucharon de escurrir). Añada la leche de coco, leche evaporada, leche condensada, las pasas, azúcar y sal. Continúe revolviendo y vierta el arroz sin el agua. Continúe revolviendo, baje un poco el fuego y déjele hervir como si estuviera cocinando arroz. La mezcla espesara un poco; asegúrese que el grano de arroz este bien cocido como señal que ya está preparado para vertirlo en sus platos o vasitos favoritos.

*Si desea puede polvorear el polvo de galletas sobre cada molde o vasito antes de servirlo.

LOS HELADOS

(Incluyendo los helados básicos y los limber)

Helado de Vainilla

1 taza de leche
una pizca de sal de mar
¾ taza de azúcar
2 tazas de crema pesada
5 yemas de huevos medianos (batidas)
1 cucharada de extracto de vainilla pura

Método de preparación:

En un envase cómodo mezcle los huevos, sal, vainilla, crema y azúcar, reserve; en una cacerola ponga a calentar la leche, remueva y vierta los ingredientes reservados y continúe revolviendo hasta que esté a punto de hervir. Sepárelo del fuego y deje refrescar un poco, luego vierta la mezcla en cubetas o envase de metal y colóquelos en el congelador. Cuando se cueza puede revolverlo para que tenga consistencia cremosa y sirva.

Fior di latte Gelato

1 ½ tazas de leche completa
1 taza de azúcar
1 ¼ tazas de crema fresca
1 pizca de sal de mar

Método de preparación:

En una cacerola ponga a calentar la leche, añadiendo el resto de los ingredientes revolviendo todos hasta que se disuelvan bien; Luego vierta la mezcla en la maquina y déjela terminar el gelato. Al final su gelato deberá ser de una consistencia cremosa y suave.

Cioccolato Gelato (chocolate)

1 taza de azúcar
2 ½ tazas de leche entera
1 ¼ tazas de crema fresca
1 taza de polvo de cocoa
1 pizca de sal de mar

Método de preparación:

Siga el método de preparación anterior del gelato de Frambuesa/strawberry.

Crema Gelato

5 yemas de huevo batidas
2 ½ tazas de leche completa
1 taza de azúcar
1 ¼ tazas de crema fresca
1 pizca de sal de mar

Método de preparación:

Siga las mismas instrucciones de preparación de
Fior di Latte Gelato.

Gelato Italiano de Frambuesa (strawberry)

(Con inspiración del chef: Davide Rafanelli-Florencia, Italia)

Este gelato fue hecho en la academia de cocina en **Italia**. Se hizo con la máquina de helado, yo sugiero que añada una maquina de helado a sus enceres de cocina si es que no la tiene; es más fácil!

Sin embargo los helados caseros que le mostraré más adelante son más fáciles y sin el uso de la maquina.

1 tazas de frambuesas frescas (strawberries)
½ taza de azúcar blanca
½ taza de agua

Método de preparación:

Combine todos los ingredientes en una licuadora o procesor de comida hasta que la azúcar este bien disuelta. Luego vierta la mezcla en la máquina de helado y póngala a trabajar.

Como es **gelato italiano**, no helado regular debe hacerse en la maquina como se sugiere para obtener una hermosa consistencia cremosa.

Los limber de mi niñez

Limber de Coco

1 lata de crema de coco (azucarada)
1 taza de agua
1 cucharadita de vainilla natural
1 lata de leche de coco
1 taza de leche evaporada (opcional)

Método de preparación:

Mezcle bien todos los ingredientes preferiblemente en una licuadora; si no tiene una puede hacerlo a mano o con un batidor de mano. Lo importante es que los ingredientes estén bien mezclados. Luego vierta la mezcla en cubetas o vasitos y lleve al congelador.

Limber de Crema

1 taza de sirope de crema
1 taza de leche evaporada
1 taza de azúcar
1 cucharada de vainilla pura
    canela (opcional)

Método de preparación:

Siga las instrucciones del limber de coco

Limber de Piña

1 lata pequeña de piña molida
2 tazas de jugo de piña natural
2 tazas de agua
½ taza de azúcar

Método de preparación:

Mezcle todos los ingredientes batiéndolos bien y vierta en cubetas o vasitos y lleve al congelador.

Limber de Tamarindo

1 lata de jugo de tamarindo puro
2 tazas de agua
Azúcar al gusto

Método de preparación:

Mezcle todos los ingredientes bien, vierta la mezcla en una cubeta o vasitos; luego lleve al congelador.

* Puede también utilizar tamarindo fresco y hacer de otras frutas como desee.

Por ejemplo limber de acerolas (cherry), mango y mantecado; puede agregarles leche si desea u otros sabores.

También puede convertirlos en paletas vertiendo la mezcla en envases de paletas y llevándolos al refrigerador; si desea una consistencia bien cremosa puede agregarle a la mezcla ¼ taza de yogurt sin sabor.

Las Paletas

Puedes hacer paletas de cualquier sabor de su preferencia usando este fácil método:

Paletas de Mango y Piña (popsicles)

4 mangos bien maduros
1 ½ piña
½ taza de azúcar
2 cucharadas de miel o sirope blanco
½ taza de yogurt sin sabor

Método de preparación:

Una vez que pele los mangos y la piña, córtelos en pedazos y ponga en una licuadora junto con la miel o sirope, el yogurt y azúcar licuándolos bien. Notará que formarán una mezcla cremosa debido al yogurt y la consistencia de los ingredientes. Vierta la mezcla en envases de paletas y llévelos al congelador.

Usted puede variar los sabores como antes mencionado; también puede conseguir los envases en el mercado o puede crearlos usted misma con vasitos plásticos e insertando paletas de madera en el centro de la mezcla vertida en los vasitos.

Bizcocho de Queso

1 paquete de 8 onzas de queso crema
2 huevos
½ taza de azúcar
1 cucharada de vainilla
¾ de crema batida (wipping-cream)
¼ taza de harina de maíz en almidón

Método de preparación:

Ponga el horno a calentar en 350 grados. Añada los ingredientes poco a poco y bátalos o licúelos. Parta el queso en crema y agréguelo a la mezcla. Puede añadir la mezcla en un molde ya preparado y llevar al horno por unos 30 minutos. In serte la punta de un cuchillo y si sale limpio ya está listo.

LOS PONCHES Y OTRAS BEBIDAS ÚNICAS SIN ALCOHOL

Estas bebidas puede prepararlas para toda ocasión y familia.

LOS PONCHES

Los ponches eran preparados por mi abuela en las noches antes de acostarnos. Eran preparados con jugo de uvas y muy a menudo con cerveza de malta. Se batían con huevo y azúcar blanca granulada hasta que la mezcla tenía una consistencia pálida. Mi abuela hacia estos batidos a mano por largo tiempo. Yo los he hecho también.

Ponche de Cerveza Malta

1 malta bien fría (12oz.)
2 yemas de huevo
2 tazas de azúcar granulada

Método de preparación:

En una taza ancha agregue las dos yemas de huevo luego, vierta las dos tazas de azúcar de su preferencia. Debe batir la mezcla hasta que quede de color amarillo pálido. Al final agregue la malta bien fría revuelva y sirva.

*Si desea puede utilizar un batidor eléctrico o de mano.

Ponche de Jugo de Uva

1 botella de jugo de uva (12 oz.)
2 yemas de huevo
2 tazas de azúcar

Método de preparación:

En una taza un poco ancha agregue las dos yemas de huevo. Luego añada las dos tazas de azúcar. Debe batir la mezcla hasta que quede de un color amarillo pálido, luego vierta el jugo de uva bien frio revuelva y sirva.

*Asegúrese que sea jugo de uva y no coctel de uva.

*Si desea puede utilizar un batidor eléctrico o de mano.

Ponche de Jugo de Naranja

1 Botella de jugo de naranja 12oz.
(Puede hacer jugo fresco si desea en vez del concentrado.)
2 Yemas de huevo
2 tazas de azúcar granulada

Método de preparación:

En una taza un poco ancha, vierta las dos yemas de huevo luego, agregue las dos tazas de azúcar. Debe batir la mezcla hasta que quede de un color amarillo pálido, luego agregue el jugo de naranja bien frio revuelva y sírvalo.

*Si desea puede utilizar un batidor eléctrico o de mano.

*Puede utilizar variedades de frutas!

Chocolate Caliente

4 tazas de leche evaporada disuelta en ½ lata de agua
Una pizca de sal de mar (opcional)
Queso de papa
2 cucharadas de agua
Una pizca de sal de mar
Astillas de canela
Crema de leche espesa espumante
2 barras de chocolate de su preferencia

Método de preparación:

En una cacerola ancha y cómoda ponga a derretir las barras de chocolate en las dos cucharadas de agua a fuego lento. Una vez cremoso vierta la leche y continúe batiendo hasta punto de hervir. Luego separe del fuego y prepare para servir.

Puede servir en tasas altas o de su preferencia y adornar con una astilla de canela o crema de leche espesa espumante (wipped cream/crema batida).

Si deseas puedes agregar un pedazo de queso de papa el cual se irá al fondo dándole un sabor especial y luego derretido lo comes con una cucharita.

ALGUNAS BEBIDAS PARA TU BENEFICIO

Espero las disfruten:

Vino Rojo sin Alcohol

Muchos estudios han comprobado que es beneficioso para prevenir el cáncer. También ayuda para la digestión; además de ser un gran anti-oxidante, el Dr. Don Colbert nos indica en su libro ¿What would Jesús Eat? Que es muy bueno para prevención de piedras en los riñones.

También puedes tomar jugo natural de uvas y no te olvides del té verde.

En las siguientes bebidas simples te ofreceré las recetas:

Coquito Virgen

1 lata de leche de coco
1 lata de crema de coco
1 lata de leche evaporada
½ cucharada de canela molida
14 huevos
1 lata de leche condensada
1 una taza de leche regular
1 cucharadita de vainilla
una pizca de sal de mar

Mezcla todos los ingredientes, en fuente agrega los huevos a la leche y mézclalos; luego lo pones en la licuadora con hielo. Sírvelo en vasos altos con una tajada de fruta. También puedes variar sabores con fruta y sus colores, para darle un toque de distinción. Además puedes eliminar el hielo para ponerlo en la refrigeradora. Se puede hacer en colores con fresa u otras frutas que desees.

Pruébalo y añade más azúcar si deseas.

Piña Colada Virgen

2 Latas de crema de coco
2 latas de jugo de piña (de tamaño que desees de acuerdo a
lo que vas a servir).

Puedes poner en el congelador pedazos de piña y luego los
usas como hielo. Ponlo en la licuadora hasta que tome una
consistencia espesa; puedes añadir más crema o leche como
desees. Sírvelo con tajadas de **piña** y **cherry** alrededor de
los vasos.

Puedes variar los colores con diferentes frutas licuadas o
liquidas que encuentres en el mercado (natural u orgánico)

(Nunca uses colorantes artificiales son dañinos para la
salud, además ustedes mismos las pueden hacer con frutas
o vegetales licuándolas hasta sacar el color).

Sírvelo en vasos altos.

Margarita Virgen

1 oz. Jugo de lima
½ jugo puro de naranja o sirope (puedes eliminar la azúcar)
1 cucharadita de azúcar (opcional)
Sal de mar (opcional)

Añade todos los ingredientes en la licuadora con bastante hielo. Licúalo hasta que esté de una consistencia suave. Sírvelo en vasos de Margarita que están disponibles en las tiendas de 99 centavos. Puedes usar diferentes variedades y sabores siguiendo esta receta.

La sal la puedes utilizar para aplicarla en el borde de las copas como las sirven en Méjico (vertiendo la sal en un lugar plano, luego humedeces la orilla de la copa con un poco del mismo jugo que estas usando y las viertes boca abajo en la sal para que la sal quede pegada).

Ubica las copas en el congelador antes de servir las Margaritas.

Puedes variar los sabores con Margarita de **fresas**, **watermelon** o **cherry**

Una vez más recuerden picar las frutas de su selección en pedazos y pónganla en el congelador, luego las utilizan como hielo mmm!

Sangría Virgen

1 limon
2 naranjas
1 manzana
1 guineo maduro
2 cucharadas de azúcar
4 clavos
1 cajita de canela
1 litro de vino sin alcohol
1 lata o botella de 7up

Pele el limón finamente alrededor formando un espiral con la corteza, lave las naranjas, quítele las semillas y córtelas en ruedas. Corte la manzana en rajas finas, pele y quite las semillas y corte el guineo en ruedas finas.

Ponga la corteza de limón en una jarra de cristal junto con las ruedas de naranja, manzana y guineo y espolvoree con azúcar. Luego añada los clavos, canela y vino natural; déjelo una hora en la nevera, agregue cubitos de hielo, remuévalo y ya está completa para servir con el 7 up el cual se agrega a lo último. Puedes servir como 8 jarras de vino.

Bloody Mary Virgen

(Una bebida histórica con especies)

5 tazas de jugo de tomate
5 cucharadas de jugo de limón agrio
3 gotas de salsa picante
3 gotas de salsa inglesa

Un poco de sal

Un poco de pimienta

Una todos los ingredientes y añádale pedacitos de hielo; sírvalos en vasos altos, puede adornar el vaso con una hoja de menta o fruta de su agrado.

Rinde para 5 vasos.

CUANDO DESEES PONER TU MESA

Al parecer es difícil poner la mesa para diferentes ocasiones, especialmente si no hemos sido instruidos o simplemente no lo practicamos con frecuencia, sin embargo, aquí te presento la manera formal e informal de las mismas para tú referencia y preferencia.

NOTAS:

NOTAS:

NOTA FINAL

Deseo repetirles que la acción de preparar alimentos es un arte; cuando reconocemos las actividades en nuestra cocina como una obra de arte y no una obligación le valoramos y al hacerlo, puede que la actitud negativa hacia la misma desaparezca o quizás se aprecie de otro punto de vista y puede que se convierta en su nueva pasión.

Desearía finalizar con el siguiente pensamiento literario:

"CUALQUIER CURSO QUE DECIDAS TOMAR EN TU VIDA, SIEMPRE HABRÁ ALGUIEN QUE TE DIRÁ QUE HAS COMETIDO UN ERROR. HABRÁN SIEMPRE DIFICULTADES QUE SE LEVANTARAN LAS CUALES TE TENTARAN A CREER QUE TUS CRÍTICOS ESTÁN EN LO CORRECTO. PARA TOMAR UN CURSO EN ACCIÓN Y SEGUIRLO HASTA EL FINAL SE REQUIERE CORAJE."

Ralph Waldo Emerson

REFERENCIAS Y PERMISOS

Colbert, Don MD. ¿What Would Jesus Eat? Thomas Nelson publishers, Nashville. 2002.

Corsini, Alessio. Food & Wine Academy of Florence, Italy-Chef

Department of Health & Mental Hygiene. Health Brochure NYC. Volume 10-Number 3.

De Guillen Mares, Mireya. Inspiración de guacamole.

De Pou, Silvia H. Mujer 2000. Editora Amigo del Hogar. 1992.

De Suarez, Orfelina M. Recetas Especiales

Garriga, Erisbelia. Home Style Puertorrican Cooking. Soleo Inc. San Juan, Puerto Rico.

Google.com Alimentos y Consultas Históricas

La Santa Biblia. Broadman & Holman. Nashville, Tennessee. 1960.

Pixabay.com

Rafanelli, Davide. Food & Wine Academy of Florence, Italy-Chef

The World Book Encyclopedia. Scott Fetzer Company, Chicago 2014

NOTA: En ningún momento las ideas y consejos en esta publicación implican substitución de consejo médico o medicinal.

Printed in the United States
By Bookmasters